内容提要

　　"游泳突破"系列图书共有3册，分别从游泳提速秘诀、精进技术以及精准训练3个方面全面讲解了自由泳的技术及训练。

　　本书为第3册，主要介绍了自由泳的精准训练方法和训练计划，是对前两册中介绍的游泳技术的延伸。全书分为两大部分，第一部分为技术手册，系统回顾了自由泳的核心技术要领和动作；第二部分为训练卡包，包括专业知识卡、分解练习卡、拉力带训练卡和训练计划卡。其中前3种分别讲解了训练时所需用到专业知识、分解动作以及陆地拉力带训练动作等内容，最后的训练计划卡则给出了一套完整的16周训练计划。

　　本书适合广大游泳爱好者、铁人三项爱好者阅读。

目 录

第一部分　技术手册

第二部分　训练卡包

第一部分　技术手册

第 1 章　综述

　　欢迎翻开《游泳突破：精准训练》这本书，很高兴我们能一起深入美丽的蓝色三维世界。希望本书介绍的训练方法和计划能够帮助你具有更高层次的速度、力量和能力，同时希望你能享受这些助你实现目标的训练。

　　本书中的训练计划是对《游泳突破：提速秘诀》一书中介绍的推进泳姿的进一步延伸，了解自由泳泳姿的关键要素和真正做到这些要素完全是两回事。本书根据训练安排的每个阶段为你提供有针对性的训练计划，在完成这一阶段后，你能明确了解你是如何表现得更好的，即使这只是接近你的目标的一小步。

　　当我们一起进行接下来几个月的训练时，更多的是要学习如何游得更快，并享受这个过程。本书所传达的信息并不是纯粹的身体上的，还包括作为一个运动员在精神上和情绪上应该注意的事项。每天出现在游泳池边，不要只是简单地记录游泳距离，并只以这些数字为依据。作为一名运动员，只有当全力以赴，并且心中有一个具体目标的时候，你才有可能发挥出你的全部潜力。你应该明白，往返在泳池中时，你为什么要这样做，以及你正在做什么。作为你书本上的教练，我的目标就是向你传达这些信息，同时，我希望你自己能发现的远超过我所能传达给你的。

第 1 个 8 周的训练主要是改进提高《游泳突破：提速秘诀》中探讨过的自由泳的两个要素：高肘抓水和水感。离开了这两个要素，是很难发挥出在自由泳方面的全部潜能的，这两点也是泳姿动态要素的先决条件，即：核心动力。核心动力就是你掌控的时机、节奏和速度，当和水下划臂结合起来时，核心动力强调的是每个强度等级和每个环节向前的运动。第 2 个 8 周的训练则是在你训练游泳动作时在恰当时机增加核心动力。

准备好入水吧！

1. 如何使用本书

技术手册

综述和技术要领是你正式开始训练之前的起点。仔细阅读这些内容，对你接下来几个月的训练有一个基本了解。除了这个部分，本书第二部分还有 75 张训练卡，这些卡按内容具体划分成专业知识卡、分解练习卡、拉力带训练卡和训练计划卡 4 种，每种都有专门的颜色，以便区分。

专业知识卡

这组卡片是对训练中一些专业知识的简单介绍，以便你能理解如何完成每一组训练。你会了解到什么是后半程加速训练或者规定加速训练，以及终点间歇时间是指什么。这组卡片还会说明要求达到的强度等级以及怎样计算动作次数和动作频率。有了这些，你不仅可以轻松地完成训练计划，而且可以和世界上任何一名游泳运动员或教练畅聊游泳。

分解练习卡

分解练习是从泳姿中提取出一个部分，是针对泳姿中某一具体环节进行技术改进的。本书中的训练计划包括大量分解练习，并且详细说明了每一项分解练习应该如何完成。卡片上的照片清晰地展示了动作的每一个细节，你可以反复观看。

拉力带训练卡

对于提高水下划臂的力量和灵活性而言，没有哪种工具能比拉力带更有效、更实用。当年我训练和比赛的时候，这是我的秘密武器，现在它也是这本书的精髓。每一次训练都包括一组拉力带训练，一般是在最后（也有以拉力带开始的训练）。这些卡片详细说明了拉力带训练的不同形式和技巧。

训练计划卡

这 50 张卡片是可以带到泳池边用的真正的训练卡片，每一项训练计划的设计都有一个具体的目的来提高你的自由泳水平。入水之前，请务必回顾一下这项训练计划的卡片，确认你是否还需要其他卡片。你可能需要带上专业知识卡、拉力带训练卡，分解练习卡，这些能够提醒你一个分解动作或一组特定动作的技巧。这些训练计划卡片中有的要求你进行终点间歇，有的要求你专注于具体技巧，还有的要求你学习新的分解动作。因而在最初的几周，当你往学习曲线高点攀爬的时候，需要特别耐心，并且要进行复习。坚持下去！很快，卡片上的细节就会成为你的本能。

装备

除了游泳的常用装备——泳衣、泳帽、泳镜之外，你还需要一个浮板（很多泳池都有这个装备供使用）以及拉力带（详见拉力带训练卡）。

其他的装备还包括浮潜呼吸管、手蹼以及脚蹼。虽然训练计划中不会具体指定使用这些装备的时间，但是有些时候可以增加使用它们的项目。然而，我并不鼓励初中级游泳运动员在训练中过早使用脚蹼，因为依赖于脚蹼带来的推进力，会使运动员无法学习到感知水流的艺术，从而容易忽略他们需要提高的游泳关键要素之———水感。一旦游泳运动员理解了如何感知并且控制水流，脚蹼会成为力量训练中一个非常好的工具。脚蹼能够比脚控制更多的水，因此在游泳时用脚蹼全力一踢，你的力量和速度都是惊人的。

我对于使用手蹼的意见和使用脚蹼是一样的，我们必须首先学会用自己的手和前臂控水，而不能依赖手蹼增大划臂面积。一旦你理解了在水中你的手和前臂牵引水流的感觉，划臂或游泳时就可以在力量训练中有针对性地使用手蹼。

我是一名浮潜的狂热爱好者，浮潜能让游泳运动员有机会看到水中手和手臂的动作，入水、伸展以及进入高肘抓水阶段。当要求练习一组针对抓水的训练时，你可以考虑偶尔戴上你的浮潜呼吸管进行训练。

2. 常见问题解答

本书的训练对象是哪些人？

本书中的训练是为初学者至专业的铁人三项选手、职业游泳运动员以及游泳健身爱好者设计的。其中一个先决条件是读者必须已经学会了自由泳的基本技巧，包括呼吸技巧和基本的身体姿态。这并不是一本教你学会游泳的书。游泳初学者根据自由泳的关键要素进行学习，能够取得巨大的进步，同时，持续的学习也能够使之在水中更加适应和更加专业，每一项训练都可以根据个体的具体水平进行调整。

自由泳的基础知识在《游泳突破：提速秘诀》一书中已经详细介绍过了，接下来训练中的分解训练和训练理念也是以《游泳突破：提速秘诀》的内容为基础的。因此，如果你读过那本书，对你学习这本书会大有裨益。

有多少项训练？需要多长时间？

本书设计了 16 周的训练计划，每周有 3 个训练项目，其中 2 个训练项目要求游到 2000 米左右，这是特别为提高自由泳速度设计的。这些是写在蓝色卡片上的，根据训练者水平，要求在 1 小时或者更短的时间内完成。

每周的其中一项训练是"希瑞训练"。之所以叫这个名字，是因为这项训练来源于我个人的训练日志，而"希瑞"（还记得非凡的公主希瑞吗？就是宇宙巨人希曼的孪生妹妹）是我上大学时游泳队队友给我起的外号。这些来自数年间我参加比赛的经历，使用的是红色卡片，主要以耐力训练为主。我建议的有一定挑战性又可能达到的游泳距离是 3500 ～ 4500 米，希瑞训练的目的是每周提供一个稍长的训练作为挑战（这些更多的是基于训练，而非基于技术），也是和你分享我的训练经验。对初学者而言，要完成所有训练项目可能有点困难，你可以根据自己的水平，相应减少几组训练，关键是你要挑战你原先的训练距离，游的距离更长才能达到训练效果。

完成这 50 张卡片上的训练计划后，还有 1 张调整训练卡片和 1 张恢复训练卡片。调整训练卡片取自我的训练日志，介绍了在重大比赛之前的一周应该如何调整训练的量和强度以便养精蓄锐，准备比赛。恢复训练卡片介绍的是当某一天你特别疲惫但仍然想进行一些训练时可以进行的训练量和强度都较低的训练内容。恢复训练卡片可以根据你的训练计划在任何时候加入。

当然，并非每个读者都能保证每周训练 3 次，也有一些读者每周训练的次数不止 3 次。本书中设计的训练计划虽然有先后顺序，但并不刻板，读者可根据个人不同需求在一定程度上对计划进行调整。

当不能下水时应该如何训练？

如果某天你刚好不能下水，不用担心，你可以在下次下水的时候从你中断的地方开始训练，同时，尝试完成每天的拉力带训练项目。每一次训练都包含一组拉力带训练，每组拉力带训练大约需要 10 分钟，可以轻松地在家中完成。如果你出门旅游，没有游泳池，请确保带好你的拉力带，它可以轻松地放入你的行李箱中。这项训练能助你实现你的既定目标，并保持状态。建议在无法游泳的训练日，将拉力带训练的量加倍，你可以在 20 分钟或更短的时间内完成，这对于提高你的肌肉张力并加强力量效果显著。

训练用泳池的大小是多少？

有 3 种官方认可的泳池：22.86 米（25 码）泳池、25 米泳池和50 米泳池。本书中的训练是针对 25 米泳池设计的，但是很容易按照50 米泳池进行调整。训练中只有那些设定为 25 秒或 75 秒的项目需要根据 50 米泳池进行调整，还有那些以数字"5"结束的距离如 25米，在 50 米泳池中，游这样的距离可以游到泳池中间而不用到头触壁。游泳队在 50 米泳池中进行设计好的组合训练而只游到泳池中间，这也很常见。游泳运动员也可以游到头，再进行重复，或是在水中从"静启动"开始推进，这样会更好。

希瑞训练中的泳池长度是有变化的，因为这项训练直接取自我的训练日志，而由于旅行等原因，泳池不是同一个。在每一个希瑞训练中我都会说明泳池长度，缩写如下。

- 22.86 米（25 码）泳池缩写：SCY
- 25 米泳池缩写：SCM
- 50 米泳池缩写：LCM

无论 22.86 米（25 码）还是 25 米的泳池都属于短道泳池，缩写是 SC（Short Course），而 50 米的泳池缩写为 LC（Long Course）。SC 的唯一区别在于是 22.86 米（25 码）还是 25 米。而没有 45.72 米（50 码）的泳池的原因是，这种泳池没有通过竞赛的官方认证。

什么是"训练效果"？

本书的每一项训练都是针对某种要实现的训练效果来设计的，这种训练效果就是这项训练所能获得的成果。在训练中，我们经常要迫使我们超越身体的极限。有时是强度和速度方面，而有时则是针对力量或者耐力方面的训练，会用较长的组合训练提升耐力。一项训练也可能是有多重目的的，并且一项综合训练也是如此。甚至于其中休息日的安排和专门针对训练技术的安排也是为了要实现某种训练效果的。其关键在于，要实现你身体状态从生理上的改善，即使这项训练只能轻微地改善它。训练卡包中每一张训练卡片在最上面就清楚地说明了此项训练的目的，也就是要实现的训练效果。

讲一个例子，是我在 2007 年参加在俄罗斯莫斯科举办的现代五项世界杯期间，通过休息实现训练效果的事例。那一次我比其他队员早到了几天，我去了游泳池，坐在泳池边思考，我在想我的身体现在需要哪种训练。我当时不觉得我需要耐力训练，而且我觉得最近我也做了不少速度训练和比赛配速训练，同时我也没有肌肉紧张的感觉，似乎也没必要做恢复或是放松训练，最终我决定去冲个热水澡，对我而言，这就是最好的训练。我当时很兴奋，因为冲个热水澡是游泳组合训练中我最喜欢的一部分。艰难的任务我都已经完成了，这一天要实现的最好的训练效果是将这些训练融会贯通，使我的身体接受并且增强力量。在几天后的比赛中，我打破了现代五项 200 米自由泳的世界纪录。这件事告诉我：当身体需要休息时，就应该去休息。

第 2 章　技术要领

　　本书的这一章会详细讲解自由泳的技术要领，你可以随时查阅，以便你能更好地理解训练卡片中的分解练习和组合训练，以及技术要领的练习。

1. 划臂

　　自由泳技术要领中一项至关重要的技术就是水下划臂。我将划臂动作分解成 3 个阶段：高肘抓水、斜向划臂、动作完成。尽管整个划臂动作被分解成了 3 个阶段，但在水下的动作应该是连贯流畅的。

高肘抓水

　　高肘抓水在整个身体伸展之后，是水下划臂的第 1 阶段，手的位置应该在头的前方，这是最需要重点练习的部分，因为高肘抓水是比较难掌握、要求比较高的部分，也是游泳中最难自然呈现的部分。如果一名游泳运动员抓水的动作不标准，就会因为没有冲力并且缺乏和核心动力之间的连接，从而直接影响接下来其他的划臂动作。

高肘抓水阶段

斜向划臂阶段

动作完成阶段

水下划臂的 3 个阶段。

开始抓水的时候，随着游泳运动员在水中向前伸展手臂，手要尽力伸到头部前方最远的点，因此，伸展这个动作必须正确。当然，游泳运动员是从核心肌群以及肩胛骨周围的肌群开始伸展，但能伸展到多远是取决于各个游泳运动员的。有些非常优秀的游泳运动员手臂可以伸展到头部前面很远的距离，这样每一次动作就能推进更远的距离，他们在这方面能力很强，通过训练能够增强力量。而其他一些运动员每一次动作和伸展的距离要短一些，那就需要加快抓水频率。但

在伸展过程中，你的核心肌群以及肩胛骨周围的肌群负载的张力是44.48～88.96牛。

抓水时，上臂和身体侧线保持7.62～10.16厘米距离宽的弧度。

是无论是谁，无论伸展距离有多长，都必须锻炼核心肌群以及肩胛骨周围的肌群。

核心肌群和上半身 44.48 ～ 88.96 牛的张力是判断伸展距离的一个很好的标准。44.48 ～ 88.96 牛的张力有多大，可以想象一下要举起 4.54 ～ 9.07 千克重量时肌肉感受到的张力或是需要的力量，然后当你在水中伸展的时候，感受一下当肌肉达到这种张力或需要这样的力量时的感觉。本书中有些训练要求尽力伸展手臂和躯干，从而对肌肉张力进行超负荷训练，这些组合训练是专门为力量训练设计的，以便当你回归你最理想的伸展长度时，能感觉更有力，节奏感更好。

抓水阶段从伸展开始，包含有 4 个同时发生的动态过程。

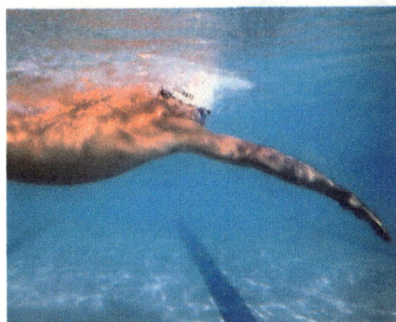

手部 / 前臂直接入水。

1. 上臂在水中举高。上臂抬起的幅度取决于游泳运动员的力量和类型。我在抓水时上臂抬起的幅度大概在水面下 7.62 厘米，如果比这个高，我的肌肉要负载的张力就太大，在这一点上我可能有点死板，而且也不太能感觉到水流。有些游泳运动员抬肘高度接近水面，但是这并不是强力抓水的要求。高肘的关键在于上臂要举到足够高度，这样前臂才可能从肘部直接向下。

2. 当上臂举高的时候，会和身体侧线有一个 7.62 ～ 10.16 厘米宽向外的弧度。

3. 当上臂和身体侧线达到这个弧度的时候，上臂一定也会有一点轻微的扭转（肱二头肌向下，肱三头肌向上），因此手肘会向上、向外，这种扭转运动是由三角肌进行的。

4. 描述抓水动作的最后一点涉及手部和前臂。当上臂抬高、向外产生弧度、轻微扭转，并且使手肘向上向外时，手部感受到的是在水中的牵引力。肘部渐渐弯曲，手部和前臂直接向下，这个动作不是仓促进行的，也不是突然的。在抓水的一开始，手部和前臂就是以往前的角度直接向下的。最终在抓水阶段，当一只手和前臂仍然在头的前方时，和另一只手和前臂应该形成一个垂直的角度。

这种独特的抓水阶段定位产生的结果就是一只手和前臂将背部压在水面上，而对于游泳运动员而言，要向前游，背部就必须压到水面上。运动员在训练中如果忽视了这种抓水力学原理，在水下一开

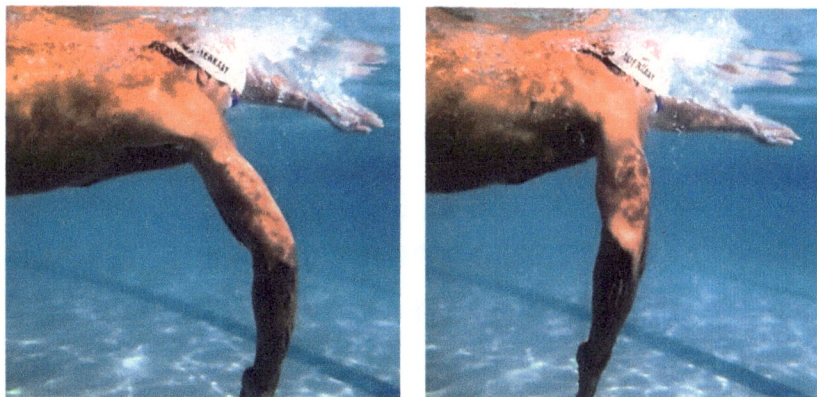

在斜向划臂阶段，上臂角度向下，将水向腋下挤压。

始就通过下压划臂，或是在一侧伸直手臂，这两种方法都无助于向前运动。

抓水是提高泳速的先决条件，本书中大量的分解动作和组合训练都是针对上面讲解的要领的。

斜向划臂阶段

斜向划臂是水下划臂的第 2 阶段。在斜向划臂阶段，手部和前臂不再是位于头的前部，而是身体会越过手部和前臂。如果动作正确，这正是力量启动，向前运动的阶段。手臂的位置以及手部和前臂的倾斜度是这一阶段的关键。

手臂位置

在斜向划臂阶段，运动员上臂的角度在水中开始向下。手肘和抓水阶段一样继续向外、远离身体，但是并不是像抓水阶段那样朝上了。在抓水阶段之后，如果手肘持续向上，就会使上臂扫向一边，这不仅会给肩关节施加额外的压力，还会抵消和核心动力的连接。

在上页的图中上臂和水面在斜向划臂阶段形成了 45 度左右的夹角。要做到这种姿势，运动员可以想象一下好像上臂和腋下之间夹着一个气球。胸肌起到稳定身体侧线外侧的上臂的作用，当运动员"挤压气球"时防止上臂过分向下（这种错误被称"划臂过中线"）。

倾斜度

当上臂"挤压气球"的时候，仍然是处于身体一侧，而前臂（从手肘到指尖）在斜向划臂阶段必须处在身体下方。前臂一直处在身体下方的唯一方法就是前臂和手保持向身体中线的倾斜。但是这个倾斜角度很小，只有 3 ~ 5 度。

这种倾斜角度的变化一般被称为"手臂胸下摇橹"。倾斜角度的

在斜向划臂阶段，上臂一直处于身体的外侧，而前臂倾斜向下在身体正下方。

变化对于运动员对水流的感觉非常重要，并且一定会出现在流体的主牵引力和推进力中。手部和前臂不是僵硬的桨，它们很灵活，可以形成轻微的倾斜角度，主要对水产生向后的压力。请记住，倾斜度产生的压力和侧面压力并不是一样的，这种倾斜非常轻微。

　　尽管斜向划臂阶段也有一些技术细节需要注意，但是这些并不像高肘抓水那样难以掌握。如果你在这个阶段专注于正确的手臂姿势和倾斜角度，你就会感受到这是水下划臂中最有力量的一部分。

注意：手的倾斜角度从斜向划臂到完成阶段是有变化的。

动作完成阶段

　　动作完成阶段是水下划臂的最后一个阶段，正好处在手和手臂正要从水中抬起进入水面上还原阶段之前的那一刻。

　　动作完成阶段开始于手和前臂和倾斜角度开始转变之时，手和前臂从在身体正下方，变成向身体外侧，然后是臀部倾斜。倾斜角度还是很小，大约为 3 ~ 5 度，这种倾斜从手经过肚脐下开始，手部向外，手指伸直，手掌伸平，运动员可以感受到手掌边缘和指尖的动能。

正在动作完成阶段的手加以臀部的发力，产生了向前的推力。

　　在动作完成阶段倾斜产生的牵引力能使运动员在完成时加速。如果我们结合游泳教练、作家塞西尔·考尔文（Cecil Colwin）描述的在水上产生的阻力，能更好地理解这种加速。考尔文游泳推进理论的核心是涡流的概念，他认为："水流中如果没有涡流产生的阻力，也就没有牵引力的产生。"涡流就像一堵牵引力的墙，永远不会离开运动员的手和前臂，在完成阶段的最后一刻，抬起手和手臂，伸出水面之前，运动员加速从而摆脱它。

　　在完成阶段，肘部不会完全锁死不动，在手部抬起伸出水面之前，最后一次"弹开"摆脱涡流墙的时候，肘部会有轻微的弯曲，同时同侧的臀部也会发力。

　　完成过程中的加速和臀部的发力会产生向前的动力，使运动员不用着急抓水就可以伸展、准备另一侧的手臂。如果运动员伸展恰当，而不是慢吞吞地转到另一侧，接下来的泳速会相当快。

2. 水感

在划臂的这 3 个阶段中，对水的感知至关重要。水感是游泳运动员对水的控制，在水下划臂阶段把正确的手和手臂的姿势结合起来，就能形成推进力的源泉。以下是掌握水感的基本要素。

- 维持手和手臂正确的张力程度，既不能太紧也不能太松。44.48 ~ 88.96 牛的张力可以使运动员很好地保持对水流的压力，但是需要手和手臂有足够的柔韧性以保持对水流的控制。
- 手掌要伸平，不要握拳，和水之间形成最大的接触面，这意味着能控制和感知更多的水流。同时手指要绷直，你应该能感觉向前推进的力量撩拨着你的手掌边缘，当你向后推水的时候，这种力量也会掠过你的指尖。

注意：朝向后面的手和前臂微微倾斜（左图）；手掌打开伸平（不要握拳）。

- 斜向划臂时手和手臂的倾斜角度是保持牵引力的关键。这个向后划臂时 3 ~ 5 度的微微倾斜使你能感受到手和前臂周围水的抓力。

寻找牵引力或是水感应该是一名游泳运动员在进行游泳练习过程中最应该经常思考的问题。在从容轻松的泳速下享受这种感觉的出现，在高泳速下掌控这种力量。

3. 踢腿

将踢腿训练引入游泳提速训练非常重要。如果你是一名铁人三项运动员，你可能认为在游泳时应该尽量让腿部休息，这是为了后面的自行车和跑步。但是，如果你知道踢腿这个动作会用到很多核心肌群呢？给予踢腿动力的肌肉和给予核心动力的肌肉其实有一部分是相同的。

你需要锻炼踢腿的肌肉以帮助加强核心肌群的力量，这样你的核心动力才能成为你游泳过程中有效的部分。核心肌群不仅仅是我们以为的 6 块腹肌，它还包括背部肌肉和身侧的肌肉，还有你往低处坐下时用到的肌肉以及腹部下方的肌肉，包括髋屈肌。

伴随划臂正确踢腿的关键是获得牵引力并且控制住水流。在踢的过程中，你必须能用脚尖控制水流，使推进力推动你向前。这种推进的力量来自于连接下腹部深处的髋屈肌，即腰肌。

其他有关踢腿的注意事项如下。

- 踢腿时，两脚稍稍内倾，形成一个斜向的角度，这能够使你的脚尖更好地感知水流。
- 踢腿时大腿必须稳定。很多游泳运动员在踢腿时从臀部就开始弯曲，从大腿就开始做上下运动，这种做法是错误的。这会导致脚部划出水面。注意稳定大腿，这样你就可以用脚尖挤压、推动水流。

- 在向下踢腿的时候，膝盖应该有一定的弯曲，这样脚就可以在合适的位置通过脚尖将水的力量推回。脚踝灵活度高的运动员膝盖可以不用弯曲太多，脚踝不太灵活的则膝盖可以弯曲多一点。但是，只能在向下踢腿阶段弯曲膝盖，向上踢腿时则不能。如果向上踢腿时你的膝盖弯曲，这个力量会造成

在自由泳中，向下踢腿时膝盖弯曲，向上踢腿时膝盖伸直。

感受踢腿时脚尖周围水的阻力，获得在水中的牵引力。

绷直腿部，向下踢腿，加速向前推进。

你后退。因此，在弯曲膝盖向下踢腿之后，请伸直膝盖向上踢腿。

塞西尔·考尔文的涡流推进理论有助于我们掌握踢腿的要领。考尔文认为涡流造成的阻力是游泳中推进力的来源。如果我们制造出了涡流，而且脚部也成功地控制住了水流，那我们在脚尖周围制造的阻力墙就会起作用，涉及推力的最后一步是每一次踢腿完成时的阻力墙。如果在每一下踢腿的最后阶段没能加速，那是因为这个踢腿的动作缓慢、无力。向下踢腿的动作必须连贯有力。向下踢腿开始时膝盖弯曲，结束时腿要伸直，只有腿伸直了，推进张力才能从肌肉中释放出来，把运动员向前推进。训练年轻游泳运动员的时候，告诉他们这个动作就像要甩掉粘在脚上的泡泡糖那样，这种情景的形容对很多成年人也管用。甩掉粘在脚上的泡泡糖的动作就类似你冲出阻力墙最后一刻的动作。

本书中踢腿的训练在每一项训练中都有，但并不是要求你每游一下都要有强劲踢腿，而是要建立核心肌群的力量。在接下来 16 周的训练中，你可以尝试一下。你会感觉到你的核心肌群变得前所未有的强壮，这能够提高你的泳速。你甚至可能有放弃继续做仰卧起坐锻炼你的上腹部的念头，因为练习踢腿就能和你做的那些锻炼腹部肌肉的运动一样给腹部塑形。

4. 萨拉普核心动力

如果你对"核心动力"或"髋动力"这样的术语不熟悉，那很可能是因为你不了解"旋转"这个概念。我训练的运动员越多，越能认识到语义学的重要性。我见过运动员对"旋转"这个概念有很多错误的理解方式，包括：将整个身体转向一边，或是旋转肩膀。

最近有关游泳旋转的一项研究将我提到的一种协调的竞技动作作为"核心动力"或"髋动力",还有更特别的称其为萨拉普。萨拉普是墨西哥和南美的一种披肩,用它搭在肩上,然后斜向缠在身体上。"萨拉普效应"这个词就源自这种斜披萨拉普的方式。这个说法是由基恩·A.罗根(Gene A.Logan)和维恩·C.麦金尼(Wayne C. McKinney)在他们的著作《运动机能学》(*Kinesiology*)中提出的。

罗根和麦金尼在观察踢射运动(比如"踢球"这个动作)和投掷运动(比如"投掷"这个动作)过程中研究人体躯干和四肢之间的联系。他们对"投掷"这个动作的研究表明身体一侧的骨盆环(臀部)和上身的核心肌群以及身体另一侧参与投掷动作的肢体之间具有相互作用。进行投掷动作肢体的那一侧的肋骨向一个方向旋转,而臀部向另一个方向旋转。麦金尼和罗根发现,斜向旋转会预先拉伸核心肌群,而核心肌群负载这种张力之后可能会释放并转移给投掷肢体,从而增加投掷的整体力量。他们的结论是,这一点在所有投掷运动中对投掷者的斜向或横向运动都适用,并且核心肌群应该在斜面上并根据转动的方向进行锻炼、加强,从而充分利用这一特点所能带来的好处。

然而这又和游泳有什么关系呢?事实上,游泳也正是一种投掷运动。我们游泳是在一个平面上,因此不太明显,但是如果把这个平面竖起来,你就能看出其实游泳也是一种投掷运动。

游泳时我们身体的核心肌群是怎样运动的呢?可以看一下本页的

要获得有效的向前的动力,运动员必须在斜向或横向的平面上伸展并且负载张力。

这张照片，注意图中臀部和肩部的位置，这是在一组游泳动作中身体旋转最大的环节——完成部分。臀部和肩部并没有重叠，这说明骨骼框架是向一侧倾斜的，更确切地说，身体是在一个斜面或横面上拉伸的，这就是萨拉普。伸展手臂一侧的肩膀在面颊旁，通过核心肌群和肩胛骨附近的肌肉向前伸出，而另一侧的臀部抬高，手和手臂从水中抬起完成动作。就是在这一刻，核心肌群有一个"负载"。这种负载包括拉伸的反弹作用带来的运动张力，从而带来丰沛的向前的核心动力。回到水面之上的手臂的重量，实际上是在协助增加核心动力的动能，这和向前投掷的动作是一样的。运动员在水中似乎没有费力就向前快速运动，这正是因为他们运用萨拉普动能和水下划臂配合的时机恰当。

上面提到了萨拉普拼图的其中一块正是要从近处仔细观察，这适用于手和手臂从水中上抬。可以主要针对从水中抬起的那一侧的手臂仔细看一下本节的照片。如果从本页图片中来看，骨骼框架向天空倾斜，肩膀似乎是伸出水面的，或者说是通过肩膀像一个整体一样转动。但是在水下，你仍然能看出肩膀并没有像整体一样移动。肩膀从水面抬起时是怎样运动的？这正是萨拉普肌群在起作用：菱形肌（罗根和麦金尼认为在萨拉普效应中起作用的4个肌群之一）是向脊柱方向包

通过菱形肌的力量从水中抬起手臂，同时另一只手臂向前伸展，理想的萨拉普张力负载在核心肌群上。

在萨拉普姿态中，向前伸展的手臂一侧的肩膀紧靠脸颊，而不是在脸颊下。

围着肩胛骨的；当手部完成水下划臂动作后，菱形肌顺着脊柱方向包裹着肩胛骨向内侧滑动，你可以注意到手臂可以轻松地抬出水面。当手臂抬起时，你也能感受到菱形肌在核心肌群中承载功能性运动张力的作用。因此，如果运动员把旋转单纯理解为肩部转动，那就错失了萨拉普核心驱动带来的益处，因为作为一个整体运动的肩膀无法使核心肌群伸展，并负载在萨拉普斜面上。

有很多功能性力量训练方案是用来训练横向肌肉的，瑜伽就是一种很好的选择。我最喜欢的塑造萨拉普游泳力量的瑜伽姿势是三角伸展式和三角扭转伸展式。如果你没有时间上瑜伽课，那也可以在游泳训练之后做拉力带练习的间歇，做一些三角伸展式和三角扭转伸展式的拉伸训练。

最后，请记住，从高肘抓水开始，对水的控制是有效运用萨拉普驱动的前提。必须有一个锚定点以运用旋转的力量（在罗根和麦金尼研究的投掷的例子中，牢牢固定在地面上的脚就是锚定点），在游泳过程中，水下划臂和踢腿为萨拉普运动提供了锚定点。

三角伸展式   三角扭转伸展式

5. 游泳运动的关键肌群

本节中的图片是有关游泳运动中的肌肉的，了解这些有助于想象你的游泳动作关键的动力来源。

手臂伸展和抓水是怎样作用的？

肩胛骨通过锁骨连接着肱骨（上臂），肩胛骨的关键功能是连接上臂和身体躯干、核心部分。肩胛骨使得连接肩部的手臂得以运动，这和游泳运动员的伸展和抓水动作直接相关。肩胛骨周围共有 16 块肌肉，包括肱三头肌、肱二头肌、三角肌、背阔肌、菱形肌和前锯肌等。

跨越整个上臂长度的肱三头肌和肱二头肌和三角肌一样包裹连接着肩胛骨。三角肌是个肌肉怪兽，它一端连接着肩胛骨，一端连接着锁骨，而另一端连接着肱骨。三角肌在抬升动作中协助控制手臂，并且可以扭转，因此在高肘抓水时肘部可以向上翻。背阔肌是上背部最大的一组肌肉，它连接脊柱和髂骨，一直到靠下的肋骨和肱骨，一块肌肉连接所有这些脊柱、髋骨、肋骨和手臂，很明显，背阔肌在游泳伸展和核心力量方面是重中之重。

菱形肌在一个游泳动作的循环中存在感不高，有点不起眼，它们连接肩胛骨，在抓水前帮助手臂伸展，同时它们也连接脊柱，正因为如此，我们才能在一个动作循环中的回复阶段将手臂从水中抬起。菱形肌向脊柱方向包裹住肩胛骨，因此身体不需要向一侧倾斜或是大幅度转动肩膀，手臂就可以轻松地抬起。菱形肌除了在伸展和还原阶段起作用外，它们也是所有关于萨拉普作用的书面资料中提到的4个肌群之一。因此，我们将核心驱动增加到了菱形肌的角色列表中。

在游泳运动中我最喜欢的肌肉是前锯肌，我称之为"肋条"，因为它们是在胸部靠上的肋骨上。前锯肌连接肋骨和肩胛骨，和菱形肌一样，它对伸展动作作用重大，也是萨拉普效应中起作用的4个肌群之一。

前锯肌在呼吸和塑造体形方面也有作用，体形在游泳运动中非常重要。顶尖的游泳运动员在水中永远不会下沉，他们的姿态总是紧致

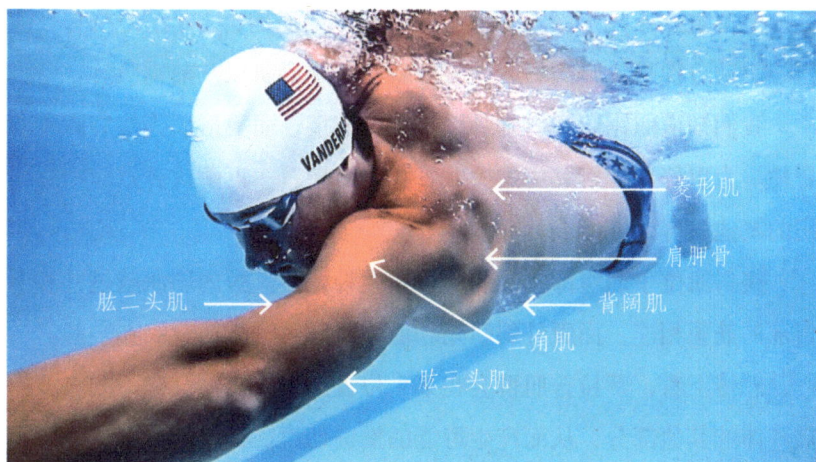

在伸展和抓水动作中，连接肩胛骨的关键肌群。

菱形肌

前锯肌
膈
腰肌
腹内斜肌
和腹外斜肌

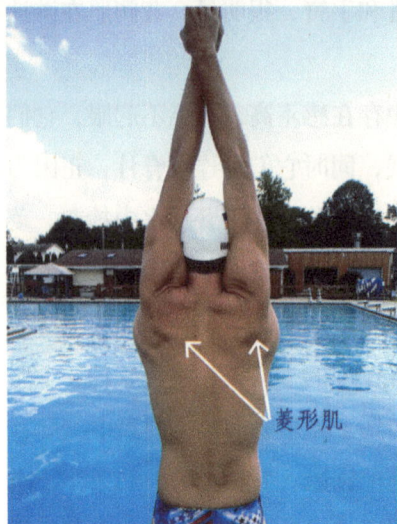

有力。前锯肌提升胸廓，对拉长体形作用重大，提升起的胸廓也有助于呼吸，从而使运动中的呼吸更加有力。

在训练当中，尤其是手臂伸展和抓水时，你可以关注一下这些肌群。

上图重点标注了萨拉普效应中起作用的肌肉群。4组萨拉普效应核心驱动分别是：腹内斜肌、腹外斜肌、菱形肌以及前锯肌。

我们知道前锯肌和肩胛骨以及肋骨连接，而菱形肌连接肩胛骨和脊柱。为更好地理解其中的关联，我们再来看一下萨拉普效应中起作用的其他肌群的连接点。

腹斜肌位于前腹部，和肋骨以及髋骨相连。腹内斜肌越过并和下背部的筋膜相连，而腹外斜肌则和前锯肌以及背阔肌交织在一起。

总体上看，萨拉普肌群会在某个位置连接，同时又向不同方向连接身体的其他部分，从而产生可能的推进动力。如果我们在一个斜面上运动，身体就好像被施压的弹簧。你下一次下水的时候可以把你的身体想象成是一个弹簧，它能将萨拉普截面的负载张力传递到你的动作中而不是向你那边倾斜，你能感受到这种力量。

踢腿是怎样发挥作用的？

在游泳过程中，腰肌也值得注意，因为它给踢腿提供力量，并且和萨拉普核心动力肌群共享连接点。腰肌作为髋屈肌，连接着脊椎下部、髋骨以及股骨，它将大腿和躯干相连。同时腰肌连接着脊柱，当脊柱转动的时候，腰肌会发生拉伸。因此当游泳运动员在萨拉普斜面上启动（脊柱转动／扭转）时，腰肌就会发生拉伸，与此同时，腰肌起到将大腿固定在躯干上的作用。你下一次游泳的时候，可以感受一下你在做萨拉普核心驱动时你大腿的感觉，注意你下腹部的力量，腰肌是在下腹部和髋部以及下背部相连的，当核心驱动作用在萨拉普平面上时，可以再感受一下腰肌是如何使大腿保持稳定的。如果腰肌力量不强，强有力的核心驱动的潜能就有限，训练踢腿有助于使核心驱动更加强有力。

有关呼吸

膈，位于胸腔底部，像伞一样展开，在呼吸运动时起作用，将胸腔和腹腔分隔。

膈肌顺着肋骨到脊柱都有一些列复杂的连接，尤其和脊柱的功能相关。如果你上过瑜伽课，你很可能听到过教练鼓励你在你身体向不同方向扭转过程中专注于呼吸。你在瑜伽垫上都要奄奄一息了，教练还要求你要专注于呼吸？这需要健康和功能方面的天赋。当共用膈肌连接的核心肌群从不同角度拉动的时候，这些连接就会启动并强化，不能把呼吸从核心功能中分离出来。

瑜伽课程要求专注于呼吸，我的竞技表现也因此受益匪浅。在压力状态下，尤其是当身体处于脊柱扭转状态时，我的膈肌受到压力处于紧张状态，必须增强力量进行呼吸，因此膈肌会变得更加强壮，在比赛和训练中能够强有力地运动，提供更大的空气容量。

膈肌也和腰肌共用连接区域，因此，这个区域被称为身体上"行走遇见呼吸的地方"。作为游泳运动员，我可以换个说法来说明这个"行走遇见呼吸的地方"，不要畏惧训练卡片上的踢腿训练组合，而应在踢腿时有力地呼吸并且注意踢腿的动作怎样和呼吸协调。

6. 时机、节奏和动能

很多游泳运动员认为减少游泳动作循环的次数是提速的关键，并且为了全程达到较低的动作次数，它们已经牺牲了运动竞技的竞赛本能。他们控制头部前方的手和手臂，想象着"滑行"的效果，以达到降低动作次数的目的。然而，这样做的很多运动员仍然很困惑，为什么它们经过数年的降低动作次数的训练后，依然没有明显提高速度。

原因是速度不够（泳速方程式：动作次数 × 动作周期 = 总时间），而这又和节奏、时机以及前进动能直接相关。

动作周期和动作次数一样重要，一名游泳运动员必须努力降低这两个数字其中之一，这对于整个方程不会有不利影响。对于自由泳而言优化方程式比较复杂，因为划臂时两只手臂的移动是异步的，一只手臂压向水面时，另一只手臂才从水中抬起向前。

虽然手臂在自由泳动作中异步移动，但是手臂伸展和核心驱动关联的肌肉是特定的。万事都有关联，表面上似乎是毫无关系的独立运动（每只手臂按照自己的方式运动），但实际上确实相互协作、互相关联地移动。

萨拉普运动正是这种关联移动的中心，在抓水过程要感受这种协作和练习，必须很有耐心。一名着急抓水又匆匆忙忙将手收回的游泳运动员，他缺少的不仅仅是对水的感觉，而且还丧失了将运动张力负载到核心肌群的机会。而仔细完成抓水动作细节的运动员能获得水上的牵引力，并且能够使核心肌群在萨拉普平面上伸展的那一刻获得负载张力。

当一侧伸展的时候，从水面抬起手臂的身体那一侧是有额外的萨拉普张力的。菱形肌向着脊柱方向包裹住肩胛骨，从而也会负载萨拉普张力。（当你持续进行分解动作练习，或是以比赛的速度高速练习时，这种情况会缓慢、逐渐发生。）如果运动员像上述的那样抓水并且负载萨拉普张力，那么泳姿动作的时间点可以通过下述两种方式之一来观察。

1. 在训练中，你可以选择针对上臂从水中抬起以及正要还原到向前状态的那一刻进行观察。菱形肌首先发起从水中抬起的动作，在这一刻，手臂移动的方向是向上的。在自由泳泳姿还原阶段的最开始，手臂是没有向前运动的。但是，在最初的从水中抬起之后，手臂必须开始向前方运动，直至到头的前方，为下一次动作做准备。当手臂还原动作开始向前时，手臂就能获得动力，从某种意义上来说，就是"向前投掷"的动作进入泳姿的伸展阶段。核心动力和前插的手臂同步，因为其和头部前方手臂的衔接从而获得动能。

2. 在训练中要感受核心驱动那一刻，你也可以注意观察水下划臂时你的髋部、胸腔和手臂，而不用关注手臂在水面上的还原阶段。核心驱动的速度在水下划臂的不同阶段也不同。从划臂角度来看，核心是在抓水中的"负载"阶段，因此在这个时刻是感受不到核心驱动的。在抓水阶段，运动员应该能感觉到就像他/她正靠在胸腔的一侧（手部和手臂抓水的那一侧）。第一个核心动作发生在下部核心——骨盆部位（这

在斜向划臂和完成阶段，核心驱动全力进行。

正是我们需要训练的，以加强启动核心动作的下部核心肌群）。当运动员在抓水阶段时，髋部启动核心动作向另一侧移动。上部核心（胸部和胸腔）延迟动作，但是一旦斜向划臂阶段开始，上部核心就要追随驱动的髋部移动。上部核心动能通过斜向划臂和完成阶段得以增加。运动员应该能在水下划臂的后半程迅速感觉到围绕在手臂周围的水的抓力。

本节对时机的描述并不是要求运动员延长泳姿中伸展部分的时间，选择较短伸展时间并且迅速更快进入抓水阶段的游泳运动员也能感受到同样的核心驱动和时机，但是身体每一侧负载的张力会稍小一点。这些运动员在每一次泳姿动作中力量较小，因此动作次数会较高，他们是通过更快的动作频率使泳速方程式最优化（动作次数 × 动作周期时间）。

所以顶尖的游泳运动员（比如迈克尔·菲尔普斯）甚至使用"不平衡"的泳姿，一侧伸展时间长，另一侧伸展时间稍短。他们在一侧负载更多的张力，伸展的时间更长，这样完全是可以接受的。在这样的泳姿中节奏是不同的，但是核心部位和手臂协调的时机仍然和本节描述的一样。

如果关于时机和动能的书面描述看上去有点复杂，不用担心，当文字阻碍我们前进时，可以再回头看看图片来理解这个"时机"，在泳姿的不同阶段要注意和手臂相连的核心部位的姿势。

第3章 艰苦训练和适当休息

　　发挥你的游泳潜能需要加倍努力。有一种普遍的说法是，速度的关键就像调整头部或身体的位置，或者是学习滑行一样简单，而这种说法暗示的是你不需要太多努力就能实现目标。这说法是一种谬论，我在《游泳突破：提速秘诀》一书中驳斥了这种谬论，并且我在本书中设计的训练正是一种挑战。你可能需要拉伸到你的极限，或者是上气不接下气，或者是偶尔会觉得肌肉不舒服。如果是这样，请记住，在那一刻你已经有所提高。然而，也请谨记，运动是通向健康的快车，而不是要增加负面的压力。如果你觉得非常疲劳，那就放松一下，暂时停止训练。很多运动员担心停止训练会浪费时间，但事实上这样做很重要，可以帮助你在艰苦的训练中自我调整，适当休息能让我们变得更加强大（只要之前你有艰苦训练）。短暂地放松，看本好书或是去看场电影、和朋友吃顿饭，再回去训练，当你明白适可而止的时候，你会成为更强大的运动员。

　　30多年前，我姐姐莎伦（Sharon）从比尔·克莱恩（Bill Clennan）

著作中摘抄了一段话，我一直保存着那块刻字的木板和拓片。这段话对我的竞技精神影响至深，我希望每一位进行这些训练的运动员都能有所获益。

收获就在其中

比赛只在片刻之间，

训练却是经年累月，

这不是孤独的胜利，

而是艰辛与泪水的凝结。

掌声或被忘却，

奖牌或曾遗失，

然而，

日复一日、年复一年艰苦的训练，

却永远被铭刻在你的骨血之中。

你学会了胜利需要意志，

成长从不是因为胜利，而是因为付出。

任何新的挑战，

只要尽力而为，

就已是胜利。

第二部分　训练卡包

第 4 章　专业知识卡

动作次数和动作周期

提高泳速的关键在于不以牺牲动作周期为代价，用更少的动作次数到达泳池对岸，即：

$$动作次数 \times 动作周期 = 时间$$

为了能在这个方程式中填入数字，你首先需要知道你的动作次数和动作周期是多少，这可以为接下来几个月中你的训练效果提供一个衡量标准。

动作周期：请教练或朋友和你一起去游泳馆，并带上一个秒表。当你右手入水的时候开始计时，当下一个循环开始，右手再次入水时结束计时，或者可以按左手入水计时。关键在于，要在入水的同一个点开始和结束计时。这样得到的结果就是你完成一整个动作所用的时间。

为了更加精确，可以每 50 米多记录几次，然后取平均值。你一次动作的周期可能在 1 ~ 3 秒之间。时间应按 0.1 秒计，如 1.7 秒。

动作周期应该随着你的训练等级的变化而相应变化。热身阶段的动作周期一定比配速训练或冲刺训练阶段的动作周期长。比赛中我的动作周期在 1.25 ~ 1.5 秒。在热身 / 整理阶段，我的动作周期会长一点，在 2.0 ~ 2.2 秒。在耐力练习阶段，我的动作周期一般维持在 1.5 ~ 1.75 秒。

　　动作次数：从你第一次水下划臂，从流线型状态过渡到启动状态时开始计算动作次数。启动状态是指在水下呈流线型状态之后，你浮出水面并且开始动作的那一刻。从第一次划臂到启动状态算是一次动作。

　　启动状态之后，计算游完泳池长度的全部动作次数。一次动作是一个完整的手臂循环。换句话说，一次动作就是从一侧手臂入水到同侧手臂再次入水的循环。

　　在计算动作次数时，需要注意的是，一旦你改变了训练强度等级，动作次数会有起伏。速度更快，动作次数通常就会稍有上升。在热身放松阶段，我在 22.86 米（25 码）泳池的动作次数一般在 7 ~ 7.5 次。在冲刺阶段，我在 22.86 米（25 码）泳池动作次数能达到 8 次，有时我感到疲劳的时候，也可能达到 8.5 次。

　　如果是要和另一位游泳运动员比较动作次数数据，需要确保你们的数据是来自相同长度的泳池［22.86 米（25 码）、25 米或是 50 米］。

启动阶段是在水下呈流线型阶段之后使运动员浮起到水面的第一次水下划臂。

训练强度等级

有些指导方式是给予科学概念的，比如最大摄氧量、阈值水平，还有像 AN1 和 EN1 这样的字母和数字代码，而其他的一些方式则回避测试和预设数据。每一种都有其优点，运动员通常会倾向于适合自己的方式。

我不是一名以测试驱动型的教练，我也不反对围绕数据设计训练计划。但是，先不提理想的努力程度以及对身体极限和力量的感受，每一天要达到适当的训练效果，知道什么时候应该加力，什么时候应该减力，这也是一种非常有效的训练。因此，本书中没有配速计时和倒数 3 秒计时训练，而是由你根据强度等级设计组合训练。以下是强度等级概要。

轻松： 热身阶段、整理阶段、某些分解练习、游泳中还原阶段。心跳较缓，可以在重复的间隙轻松地交谈，并且不会上气不接下气。 60%~65%

中速： 有氧训练强度等级。在动作重复的间隙可以交谈，但是呼吸明显有些吃力。如果你不怕无聊，可以以这样的速度持续一个小时甚至更长时间。这种程度类似于长跑几千米的强度等级。 70%~75%

慢速或中速进行分解动作的技术训练时，游泳运动员也会通过拉伸核心肌群建立并维持肌肉张力。

41

高强度：持久、紧张的终点间歇训练。尽管你可以快速讲一个笑话或是在重复的间歇表扬一下你的同伴，但其实你并不想说话。
`80%~85%`

快速：稍稍有所控制，就快竭尽全力、达到全速了。这些组合训练在间歇有充分的休息时间以调整呼吸，但你也不想说话。
`90%~95%`

全力：你已经毫无保留地竭尽全力了。我的教练称之为"向前冲"训练。由于已经达到了最大强度等级，无法持续太长距离。这种强度等级的训练，质量比数量更重要。 `100%`

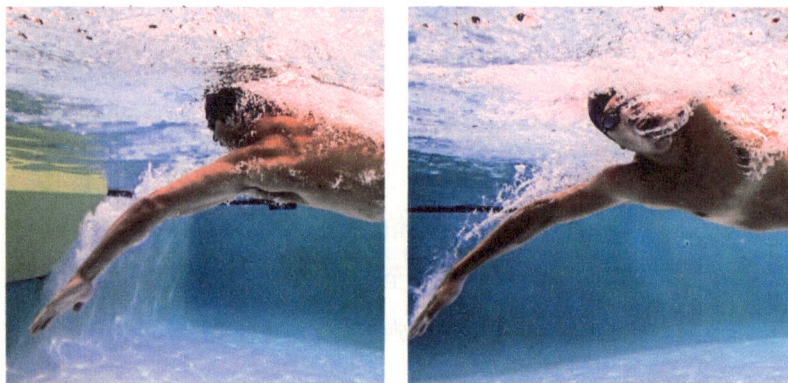

前臂周围气泡显示出涡流，这说明当运动员全速前进的时候，涡流形成了巨大的牵引力。

终点间歇时间

本书中的组合训练大多数是终点间歇训练，而不是间歇训练。在间歇训练中，运动员在每游一次后，无论速度快慢，都有固定的间歇时间。比如，教练会说："10×50 米自由泳，每个中间休息 20 秒"。无论运动员是 30 秒还是 45 秒游完 50 米，在游下一个 50 米之前，休息时间都是 20 秒。

而终点间歇训练是这样的，教练会说："10×50 米自由泳，终点间歇 1 分钟"。无论运动员完成一个 50 米的速度如何，1 分钟是每次进行游泳和休息的总时间。如果运动员游一个 50 米用了 40 秒，那么他还有 20 秒的休息时间；如果游一个 50 米用了 50 秒，那在游下一个 50 米之前就只有 10 秒的休息时间了。

在大多数组合训练中，我更倾向于终点间歇训练。因为这样可以使我们更有责任感，更快达到预期的训练效果。

等级：一组训练要求以终点间隙训练进行时，有 4 种强度等级可选。你可以根据我在本书中提供的强度等级指导，选择最合适的休息时间进行终点间歇训练。如果你的速度超出提供的范围，或是你达不到我列出的最低的终点间歇标准，那你也可以根据指导设置自己的间歇时间。

读秒：要控制好间歇，你需要一个秒表。指针式的或电子的都可以。指针式的有分钟和秒钟的指针，秒针每转一圈是一分钟，60 秒（或是 0）的标记在秒表的最上方，教练在一组训练开始时会告诉运动员"计时开始"。

如果一组训练是要求 10 个 50 米，终点间歇 50 秒，从 "开始计时" 起，从 60 秒（0）标记处开始。就是说，你第 1 个 50 米用时 40 秒，那你就还有 10 秒休息；第 2 个 50 米从秒表上的 50 秒标记处开始；第 3 个 50 米从秒表上的 40 秒标记处开始（这是距上一个 50 秒标记处 50 秒的位置）；以此类推。这很简单，但是要求注意力集中。你会慢慢地适应终点间歇训练的。开始时可以轻松一点，选择长一些的终点间歇时间，以便计算，或者可以选择 1 分钟这种容易计算的终点间歇时间。比如，如果终点间歇时间是 1 分钟，每一次重复在秒表上开始的数字就都是一样的。

另一种秒表是电子秒表，电子秒表和指针式秒表一样是以 1 分钟为一个循环的（从 0 开始计时，60 秒为 1 分钟），电子秒表上有电子数字显示，按秒跳动。刚开始，用电子秒表读、计终点间歇可能有一点麻烦，但其实它是和指针秒表一样的，只是读的方式不同。如果你之前从未跟着秒表训练过，那只要多练习就可以了。

常规训练组合：规定加速训练、后半程加速训练和递进加速训练

下面介绍的这些类型的组合训练是每个教练都会照此进行的。

规定加速训练：这种组合训练要求在一组训练的每一次练习中速度逐渐加快。比如，一套组合训练要求进行 6 × 100 米自由泳规定加速训练，那么，在每个 100 米开始的前 25 米你可以游得很轻松，然后逐渐越来越快直至游完 100 米。如果你的规定加速训练要求是尽全力，这意味着你在最后 25 米必须全速。如果规定加速训练要求的强度等级稍降一些，比如为 80% ~ 85%，那么你在最后 25 米的强度就必须要达到 80% ~ 85%。

后半程加速训练：这种组合训练要求在一组训练中后半程速度要比前半程速度快。规定加速训练要求在一组的每次练习中速度逐渐加快，而后半程加速训练则是要求在每次练习的后半程速度迅速改变。如果你正在进行 6 × 100 米后半程加速训练，那么在每 100米中，后半程的 50 米应该比前半程的 50 米速度快，并且这种速度的明显改变应该从 50 米处开始。你可以在半程转身后开始加速，只要后半程游得比前半程快，任何方法都可以。

递进加速训练：这种组合训练要求在一组训练中，每一次练习都要比上一次速度快。比如，一组 6 × 100 米的训练，要求从第 1个 100 米到第 6 个 100 米速度递进。那么第 1 个 100 米应该是速度最慢的，第 2 个 100 米比第 1 个速度快一点，第 3 个速度更快，一直加速直至最后第 6 个 100 米的速度应该是这一组训练中最快的。规定加速训练和后半程加速训练要求的都是在一次练习中改变速

度，而递进加速训练则是要求逐次加速，而不是在 100 米中变速。在一开始的几个 100 米中控制速度可能有些难度，如果你第 1 个 100 米速度太快，要想在后面实现速度递进就会有困难。6×100 米递进加速训练特意设计成"从第 1 个 100 米到第 3 个 100 米速度递进，再从第 4 个 100 米到第 6 个 100 米速度递进。"这意味着你可以从第 1 个 100 米到第 3 个 100 米速度逐渐加快，然后第 4 个 100 米可以回到和第 1 个 100 米差不多的速度，然后再次逐渐加速。

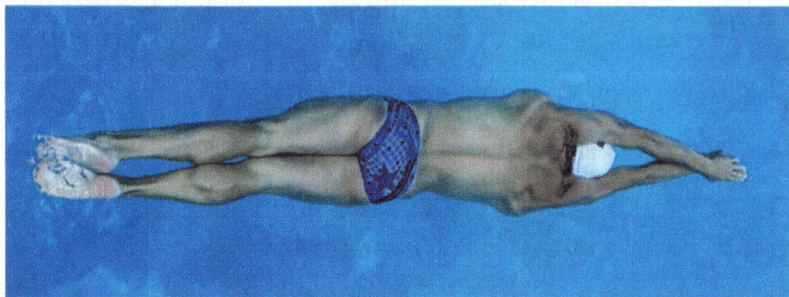

即使你一直专注于终点和设定的训练类型，也务必谨记在每一次蹬壁后，要保持流线型体态。

第5章　分解练习卡

流线型体态

　　肌张力对于掌握推进式自由泳姿势至关重要。很多铁人三项运动员和游泳运动员在水中的体态都非常完美，但是核心肌群长度和肌张力还不够，因此在游泳方面的潜力难以发挥。每次蹬壁后保持流线型体态 2 ~ 3 秒是保持肌张力和强度的最好也是最简单的方法。

　　在水面下大约 91.44 厘米处做流线型体态。你的整个身体应该都在水下以避开表面张力，因为水面上的水分子会被水面下的水分子向内拉，从而产生表面张力。在较深的水里，分子在各个方向的拉力是平均的，你会感觉到你周围的水流，而且会比在水面上保持流线型体态游得更远。

　　正确的流线型体态是，你的手臂应该在头部前方，一只手叠在另一只手上面，上面那只手的大拇指扣住下面那只手的边缘以免两手分开。拉长背部肌肉和核心肌群前部肌肉，包括连接肩胛骨的肌群。肩胛骨向耳侧提升，带动肩膀向上，双臂向头部挤压至耳后位置，手肘伸直不动。你应该能感觉到有一股力在使劲想将两手拉开，但是紧扣住的大拇指避免了两手分开。

　　想象一下当你手臂、肩膀、腿部和核心肌群上有 88.96 牛的张力时你的身体是怎样的。不要负载超过 88.96 牛的张力，因为你不会想要太过僵硬，你也不能太过放松，那会瘫软下去。在呈流线型体态伸展时 88.96 牛的肌肉张力一开始可能会让你感觉有点难度。和举重一样，如果你没有训练过这个重量并记住它，你还是需要一些时间去构建这个力量的。只要你坚持，几次训练之后就可以达到这个力量，因此不要放弃。在这个手册里有一些专门针对流线型体态的训练项目，但是仍然务必谨记，每一项训练中的每一次蹬壁后，都要保持流线型体态。

当年我备战奥运会时，有些时候我非常疲惫，做不了终点间歇训练，但是我清楚地知道，在那个时候，只要我专注于完美的流线型体态训练，我仍然能成为一个更好的游泳运动员。这并非总是取决于你游得多远、游得多快，有时候只是关乎一些看上去似乎很小的事情，比如体态以及通过伸展加强张力，这些都能达到某种训练效果并且使一切变得大不相同。

两手叠在一起，手臂压向耳后，伸展核心肌群前面和背部的肌肉（左图）。确保在水下 91.44 厘米处做流线型体态，以避免表面张力影响。

撑起训练

我最喜欢的增强高肘抓水力量的方法之一就是撑起训练，尤其是在一组游泳训练中间。通过在一组训练中间做撑起训练，你不仅能够构建肌肉张力，而且还可以学会在疲劳时如何维持你的技术。

6×50 中速 自由泳 **70%~75%**
0:30 撑起训练（最多 8 次）@0:45

在这组撑起训练中的 45 秒是指你的终点间歇时间。比如，你能在 25 秒中完成 8 个撑起，那你在开始游下一个 50 米之前就可以得到 20 秒的休息时间。如果你在 30 秒中完成了 6 个撑起，那在 6 个之后就停下来，休息 15 秒，再开始游下一个 50 米。

撑起的正确姿势是，双手分开，略微宽于双肩，撑在泳池边沿，身体胸部以下没于水中，用脚蹬泳池底部，仅使用上身力量撑起至手臂伸直。注意开始动作时，前臂应和水面或泳池边沿平行，手肘指向身后，这样你才能锻炼到肩胛骨周围的肌肉。很多人动作不正确，手肘是向上的，这样前臂就会垂直于泳池边沿，这样做撑起，会给肩关节施加不健康的压力，也无法锻炼到肩胛骨周围的肌肉。在撑起到手臂伸直的位置后，身体放低回到水中，使胸部没入水下，准备开始做下一个撑起。

　　这组在泳池中的撑起练习是本书中大量撑起训练的一个版本，其他类型的撑起练习在我的训练日志中用 # 1 标注。我们将会不定期地做这组训练（间隙时间会有变化）：

10×50 自由泳 @0:40
每游 50 米之后，从水中完全撑起，然后从跳台跳入水中，开始游下一个 50 米。

　　如果我 30 秒内游完 50 米，那在这个 40 秒终点间歇训练中我就有 10 秒的时间从水中完全撑起，站上跳台，再跳入水中。如果你跳入水中觉得不舒服，你也可以在完成完全撑起（从撑起到在跳台上保持站姿）后，回到水中，蹬壁再游下一个 50 米。关键在于每游 50 米后，要有一个完全出水的撑起练习。

注意：撑起的这 3 个阶段是模仿划臂的 3 个阶段的，确保手肘指向身后，而不能向上，这样才能锻炼肩胛骨周围的肌肉。

站立式手臂胸下摇橹分解练习

在站立式手臂胸下摇橹分解练习中，你要去感受水紧抓住你的前臂和手掌的感觉，这样你就能理解在水中获得牵引力（游泳运动员的"水感"）是什么意思。这组分解练习的姿势是，站立在泳池中，胸部没入水中（如果需要，稍稍屈膝），手臂置于水面下 10.16 ~ 12.70 厘米处，和泳池底部平行，两侧手臂向外，略宽于双肩，上臂始终保持不动。

从肘部弯曲开始，手部和前臂在肩膀前方呈 45 度角倾斜，手掌相互背对、彼此远离（大拇指在下，小拇指在上）。肘部运动，使手部和前臂分开（向外扫的动作），之后肘部逐渐伸直，直至双手之间距离宽于双肩距离 20.32 ~ 30.48 厘米。在向外扫的动作的最后，手部和手臂迅速翻转，使手掌斜向相对，保持一个 45 度的倾斜（现在小指在下，大拇指在上），同时向内压水，再次弯曲肘部（向内扫的动作）。向内压水直到手部和前臂到达肩膀前方，之后再次翻转、倾斜，开始下一次向外扫的动作。站立式手臂胸下摇橹分解练习就是一组重复的向内、向外划臂的组合动作。要从这项

如果你的上臂保持稳定，在站立式手臂胸下摇橹分解练习中会形成涡流，维持手和手臂的肌张力，并且在向外和向内划臂的动作中适当倾斜。

练习中获益，必须确保上臂保持不动，只是通过肘部运动带动手部和前臂运动。这项分解练习有助于提高肘部的协调性和力量，这在水下划臂的所有3 个阶段中都很重要。也要记住手掌要放平、打开（不能握成杯状），这样才能使整个手部，包括手掌边缘，最大面积地感受到水的力量。最后，做摇橹

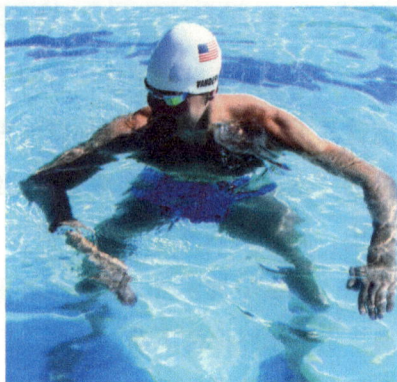

感受水的力量，并且观察涡流的状态，即使是对奥运金牌获得者而言，这都从不过时。

动作时，你的手部和手臂要保持 44.48 ~ 88.96 牛的张力，同时不要太僵硬也不能太放松。

　　下面这一部分很有趣。站立式手臂胸下摇橹分解练习也可以练习观察传奇教练和作家塞西尔·考尔文所描述的游泳推进力来源——涡流。考尔文说游泳运动员必须"给水以动力"。如果你注意到以上细节，你就会看到涡流的形成，它看起来像在水中的一小股龙卷风，这就是游泳运动员感受到的，它正是运动员赋予水的能量。如果你发现了这一点，你就已经发现了奥运游泳选手掌握的内容。接下来，我们再将这种感受带入泳姿技巧和核心动力，以求游得更快。

水平式手臂胸下摇橹分解练习

　　水平式手臂胸下摇橹分解练习和站立式手臂胸下摇橹分解练习一样是手部和前臂向内和向外划，但是水平式练习是面朝下浮在水中进行的，上臂处于高肘抓水位置。

　　开始水平式手臂胸下摇橹分解练习时，首先在蹬壁后呈流线型体态，之后浮出水面，使两只手臂都保持在头部前方。通过伸展肩胛骨周围的肌肉，使上臂向前。上臂抬起，与身体有个弧度保持略宽于身体侧线 7.62 ~ 10.16 厘米的距离，并且稍微转动 / 扭转，使肘部向上。在整个分解练习中保持上臂在高抬肘时位置稳定。

　　将前臂 / 手部置于摇橹动作的位置，肘部弯曲，前臂 / 手部对着池底（就像站立式摇橹动作一样，水平式手臂摇橹练习要求肘部有更强的力量和协调性）。向下的前臂 / 手部可以微微有个向前的角度（这个动作是在高肘抓水阶段的前一部分中），前臂 / 手部还可以向下和泳池底部完全保持垂直（这出现在高肘抓水阶段的后一部分中），这两种方式都可以。

　　注意你手的肌肉张力，同时要保持手掌打开，不要握起来。手腕要直起来，和前臂齐平，这样你整个手部 / 前臂才能感受到阻力。从肘部开始，撑起，手掌向外呈 45 度倾斜角度彼此分开，直至双手距离宽于肩部 20.32 ~ 30.48 厘米，然

保持手形，手掌打开，不要握起。

53

后翻转，向内倾斜滑水。在向内划臂阶段，手掌互对，要以 45 度角倾斜，两侧手掌向内，直到差不多到肩膀前方，然后再翻转向外划臂。重复向内和向外划臂动作。

当你做向内和向外划臂动作时，你的上臂在高肘抓水位置要保持稳定。肩胛骨周围的肌肉运动给上臂所需的拉伸，同时当你抬起手肘时，你的三角肌也在运动，而你的核心肌群也在伸长、拉紧，因此这项分解练习是一项很全面的具有挑战性的训练，即使我们移动的速度像蜗牛一样也可以。你可以稍稍踢腿，以提供一些额外的前进动力。

向外划臂　　　　　　　　　　　　　　**向内划臂**

当你在整个泳池中做手臂摇橹练习时，一定要保持上臂稳定，手掌打开，不要握起，而且你的前臂／手部像摇橹一样压水。

还原阶段分解练习

还原阶段分解练习是指导你在完成阶段如何从水中抬臂的。

我发现这项分解练习在游泳运动员和铁人三项运动员涉及转体和手臂还原时有一种普遍的误解：很多人认为转体需要完全转向一侧以减少阻力，增加张力，并从水中抬起一侧手臂。仔细观察下页上的照片，伸展的一侧手臂是向脸颊 / 头部伸展的，而不是向下的。如果手臂是向下的，这个倾斜动作就不对。

转体涉及萨拉普运动，而并不是整个骨骼肌肉框架完全垂直于泳池底部或稍有些角度垂直于泳池底部的倾斜。萨拉普运动是一种将核心肌群置于一个斜面上并且通过四肢连接核心肌肉的功能性运动。游泳运动员在萨拉普平面上拉伸正在伸展抓水的手臂一侧的核心肌群，同时另一侧手处在髋部附近，菱形肌工作向内向脊柱方向包裹住肩胛骨，使手臂从水中抬起。髋部有轻微的扭转，和菱形肌一起抬起手臂完成萨拉普拼图的最后一片（可参见"萨拉普核心动力"和"游泳运动的关键肌群"）。菱形肌轻松、自然地将手臂从水中抬起，同时伸长核心肌群并且使其负载理想的肌肉张力，一切都是相互关联的。

在进行还原阶段分解练习时，可以放松地进行自由泳，注意手臂从水中抬起的那一刻，重点关注菱形肌使肩胛骨滑向背部中线，手臂直接向上抬起，抬出水面。当你在完成阶段用菱形肌使手臂从水中抬起时，你应该能感觉到核心部分负载明显的、健康的竞技张力，这能使运动员在水中姿态完美，有助于提供向前的核心驱动。

55

　　享受这项分解练习，激活你的核心肌群的感觉，并且感受四肢和躯干之间的联系。使用萨拉普肌群，而不是将身体向一侧倾斜，这能使泳姿更加有动力和节奏感。

一侧手臂伸展，另一侧手臂用菱形肌向脊柱方向包裹住肩胛骨从水中抬起。这正是萨拉普拼图的最后一块。

手部入水动作分解练习

　　这项分解练习能帮助你感知手部入水那一刻的水流，以便使你能在高肘抓水时对阻力感觉更敏感。

　　在进行这项分解练习时，可以缓慢、轻松地进行自由泳，前臂和手部张力中等（大约为 44.48 牛），注意手部在水上的还原阶段之后入水时的那一刻。手部在头部前方 30.48 ~ 45.72 厘米处入水，在水中向前伸展。在进入和伸展时，保持手掌打开、伸平，不要握拳，手掌尽可能大接触面感知水流，手指稍稍分开，感受指尖边缘的阻力。在抓水之前了解水感并且将手中的肌肉张力控制在正确的水平上，这会帮助你以游泳运动员的感觉去感受抓水。当你的手在水上前方正在为最重要的高肘抓水阶段做准备的时候，这能鼓励你，给你增加耐心。约翰尼·韦斯穆勒（Johnny Weissmuller）过去总说他能"感受到抓住了水"，这项分解练习正是教你这种抓住水的感觉。

在手部入水时感受迎面而来的水流，这会有助于你摸索抓水的感觉。

　　游泳教练、作家塞西尔·考尔文写道，游泳运动员应该在手臂入水阶段感受"迎面而来的水流"，这是对立体地包围着你的手部 / 手臂的感受的重要性的另一种表达。

手在头部前方 30.48 ~ 45.72 厘米处入水，并且在抓水之前伸展的时候，感受流过指尖、手部和前臂的水流。

前交叉分解练习

这项分解练习要求运动员专注在水下划臂到高肘抓水阶段。前交叉动作类似于自由泳，不同在于运动员要将伸展的手臂保持在上在前，等到划臂的那侧手臂在水面上还原，并且在等待的那侧手开始划臂之前摸到另一只手。

前交叉分解练习的目的并不是训练滑行——等待的节奏，而是要减慢动作速度，专注于每次高肘抓水的那只手臂。因为我们两只手臂交替进行，这种转换也有助于我们在进行正常的自由泳练习时掌握强有力的抓水。在进行前交叉分解练习时，当手臂在头部前方时，要减慢手的速度，主动摸索抓水的感觉。不要迅速将手收回，并且使劲抓水。你的手应该保持在头部前方一定距离，摸索感受阻力，同时通过协调性，使用力量逐渐弯曲肘部，并且主动压水。我喜欢在进行前交叉分解练习时看着自己的手，这样能保证我的动作做得更到位，比如手掌要打开、伸平，保持和水最大的接触面积。我也喜欢注意手腕，看它是否是伸直的和前臂在一条直线上（偶尔在练习中可以带上浮潜呼吸管）。

在做前交叉练习时，不要忽略上臂。你不能像看见前臂和手部一样直接看到上臂，但是如果上臂动作正确，你就可以一直拉伸连接肩胛骨的肌肉，上臂要保持和体侧有 7.62 ~ 10.16 厘米距离宽，与体侧有个小弧度，并且微微扭转使手肘朝上。你应该能感觉到肩胛骨周围的肌肉展开，肩部变宽，像条眼镜蛇。在这项练习中，感受力量，不要着急。

　　手册中的训练一般将前交叉分解练习放入热身阶段，以活动肩胛骨周围的肌肉，在整个训练的开始阶段保持正确姿势。在很多训练的中段也加入了前交叉练习，提醒要保持正确姿势，同时不要着急抓水。

等你在还原阶段的手能摸到你伸展的那只手之后，再开始下一次划臂，这样你就能一次只注意一只手上的技术动作。当你的手部／前臂向前向下时，保持上臂与体侧有个稍宽的弧度，然后开始划臂抓水阶段。

单侧划臂分解练习

在这项分解练习中，一侧手臂保持静止，另一侧手臂划水。单侧划臂练习的目的在于专注于一侧水下划臂，而无需担心动作的整体时长。保持静止的手臂放在身体一侧或头部前方，把静止的手臂放在身体一侧更有挑战性，如果你感觉力量足够，并且能够协调好呼吸和核心驱动，那可以尝试一下。

在单侧划臂分解练习中，你可以专注于技术动作的任何一个要素，比如：（1）开始进入高肘抓水时，上臂的圆弧运动；（2）在斜向划臂阶段手部 / 前臂的倾斜角度；（3）转向完成阶段，手部向髋部的倾斜。当你有所进步之后，你也可以用这项分解练习感受萨拉普核心驱动。但是如果你还没有改进、提高抓水技术以及探索对水流的感受，那么不要指望你能感觉到能使你受益匪浅的核心驱动，因此，对于单侧划臂分解练习而言，首要的是要提高水下划臂技术。

做单侧划臂分解练习时，需要配合以强有力的踢腿动作作为支持。踢腿带来的向前的推动力是对一侧手臂保持静止而缺失动能的补充，并且这一点额外的动能能够帮助你更易于用单侧手臂感受到水流。

在单侧划臂分解练习中，你能够持续感受到水流，尤其是在抓水时，不要急于抓水。

或者你可以想象在进入斜向划臂阶段时，你的上臂和腋下之间夹着一个气球。

或者你可以注意在向完成阶段过渡时，你的手部要保持正确的倾斜角度。

带浮板单侧划臂分解练习

这项分解练习和单侧划臂分解练习类似，也是只使用一侧手臂划水，但是在这项练习中，不参与划水的那侧手臂要放在浮板上保持静止。这项练习是从另一个角度观察水下划臂的所有阶段，尤其是高肘抓水阶段。

将你不参与划水的那只手平放在浮板上方中间部位。头部保持在水面上，前方参与划水的手/手臂开始动作，注意抓水和感知水流。当手和前臂进入水中，时不时观察一下手和前臂，注意它们进入高肘抓水姿态的方式。你游动的时候，感受你的手/前臂逐渐向下时，你的上臂向外弯曲 7.62 ~ 10.16 厘米，进入抓水的方式。所有这些动作都是在你的头部前方浮板附近进行的。抓水并不是一个水花四溅的突然的动作，对水流强有力的感受是和抓水技巧息息相关的。

有时候你也可以专注于斜向划臂阶段和完成阶段，这项分解练习对整个水下划臂过程都很重要。高肘抓水是最重要也是最难掌握、最具挑战性的动作，因此你的大部分时间都应该用于训练这个动作，但是同时斜向划臂阶段和完成阶段的动作细节也不能想当

头部保持在水面上，不进行划臂的那侧手平放在浮板上方，做动作时直视前方。

然。在划臂的中间阶段，要注意身体下方手 / 前臂的斜向倾斜角度，在完成阶段，也要注意手臂向髋部的倾斜度。

当你感觉到浮板猛地前进的时候，就说明这项分解练习你的动作是对的。猛地向前移动的浮板标志着你控制住了水流，尽管手 / 手臂是向后划的。如果你最终能将划臂和核心驱动联系起来，这项分解练习能产生更多向前推进的动力。而且强有力的踢腿也能使之更加有力，增加运动员核心驱动的髋部运动中的下方核心肌群的力量。

带浮板单侧划臂练习对体力要求很高。在练习过程中，每次训练之间需要稍事休息，没有进行划臂的那侧手臂放在浮板上，也是一种训练。在这项练习过程中，你感到疲惫的时候，要注意保持头部稳定，始终直视前方，身体不要倾斜，或者把头转向一侧。该项分解练习中的稳定性很重要，它是一项水中功能性力量训练，特别是对于建立萨拉普核心驱动。

辅以强有力踢腿可以训练下部核心肌群的力量。

泰山分解练习

　　这项练习是近几十年来世界游泳界训练课程的支柱。虽然老，但是个好东西，他是以我的偶像之一——约翰尼·韦斯穆勒命名的。韦斯穆勒曾在 20 世纪 20 年代 5 次获得奥运会游泳金牌，他在 1928 年创造的 57.4 秒的 100 米自由泳世界纪录，就是在今天也能打败 95% 的游泳和铁人三项运动员。最令人吃惊的，他游泳时头部一直是保持在水面之上的，这项分解练习模仿的是韦斯穆勒在实际比赛中的游泳动作，之所以称为泰山分解练习，是因为韦斯穆勒在退役后曾出演了电影《人猿泰山》中泰山的角色。

　　做这项练习时，保持正常自由泳泳速，但是头部保持在水面上，始终直视前方。头部不要向两侧转动，稳定头部并且保持萨拉普平面上的动作。你的整个动作可能会有一点起伏或是时长变短，并且转身会增加。这项分解练习对于增加力量和训练自然地转身，以及提高水下划臂质量都很有用，因为你必须很好地控制住水流，才能在保持头部在水面上的情况下向前运动。泰山分解练习在所有训练

进行泰山练习时，务必保持头部始终在水面上。

核心力量的练习中是最好的，尤其是对水上恢复阶段帮助手部从水中抬起的菱形肌而言。

记得在练习时像人猿泰山一样喊一嗓子。

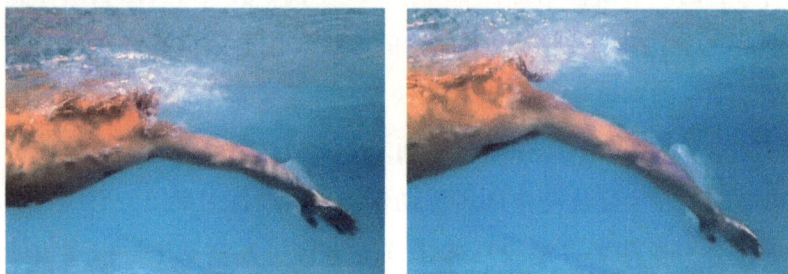

泰山分解练习对划臂的高肘抓水阶段的训练特别有用。

在划臂的斜向划臂阶段感受水中的摩擦力。

狗刨式分解练习

正如泰山分解练习一样，狗刨式分解练习也很有趣，而且有用。孩子们在游泳练习中经常这样游，这有助于发展他们在水中正确的肌肉张力，我倒是很支持大人们也尝试一下这种游法的乐趣。正确的狗刨式分解练习可以模仿自由泳泳姿，但是头部要始终保持在水面上，并且手臂在整个游泳过程中要保持在水面下，不要像在正常的自由泳过程中那样，将手臂抬出水面，而是

狗刨式分解练习能增强游泳中理想的肌肉张力，甚至包括手部肌肉。

在髋骨附近完成动作后，手 / 手臂滑到身下，靠近身体，在头部前方伸展，直到完全伸展。这能够加强和调节你的手臂和核心肌群，尤其是背阔肌、腹斜肌和前锯肌，还会持续作用在萨拉普平面上。身体不要向一侧倾斜，和自由泳动作一样，手臂异步动作，一只手臂压水，另一侧手臂则在身下向前滑动，两只手臂在头部下方交替，向反方向移动。

进行这项分解练习增强的力量可以完美地转化给正常的自由泳泳姿。之前感觉在水中力量不足、竞技张力无法持续的运动员通过这项练习可以使肌肉更加强健结实，尤其是当他们坚持在萨拉普平面上练习时。

在萨拉普平面上的伸展可以增强核心肌群和手臂的肌肉张力（左图）。两只
手臂都保持在水下，并且向相反的方向移动（一只向后压，另一只向前），
大概在头部下方交替（右图）。

完成阶段分解练习

完成阶段分解练习训练的是水下划臂完成阶段的倾斜角度和向前入水。这项练习应在水下完成，有益于提高竞技呼吸技巧。

练习从蹬壁开始，在水下保持 2 ~ 3 秒流线型体态，之后双手有力地向髋部方向划臂，就像蛙泳中的长划臂（pull-out），保持潜在水下的姿势。上臂在身侧保持稳定，肘部弯曲 90 度，手和手臂置于肚脐下方，两手指尖距离 10.16 ~ 12.70 厘米，手掌保持呈 45 度角相对。正在进行完成阶段的动作，因此上臂在身侧要保持稳定，主要支配动力来自手肘。手部向后压直至手臂伸直，同时向外扩展，双手伸至髋部边缘。在压水的最后加速，在手臂伸至的时候产生一个动态推力，在向髋部伸展时，手部绷紧，手掌打开伸平，不要握起。手部绷直并且保持倾斜角度是在压水过程中感知牵引力的关键，这样你就能向前推进。

向后压水完成后，通过弯曲肘部，双手 90 度翻转，手掌相对（大拇指朝上），轻轻从水中滑过，这一过程如果有阻力，也是很小的，这样使双手回到开始位置（肚脐下方），注意不要移动肩膀，所有动作都是通过手肘控制的。上臂在向后压水和回到开始位置过程中始终在身侧保持稳定，重复这一水下压水动作。

　　尽量在整个 25 米中都保持在水下。如果你不能屏住呼吸这么长时间，可以抬头呼吸，然后埋头继续这项练习。本书中包含完成阶段分解练习的训练项目在每一次重复动作的间隔都提供的足够的休息时间，允许你进行换气。

完成阶段分解练习要求在水下进行，上臂始终在身侧保持静止。如果你的手部紧绷，并且倾斜角度恰当，每一次向后压水，你就能感受到向前的推力。

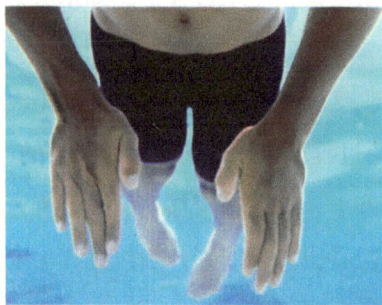

向后压水时，从弯曲肘部开始，双手向髋部边缘倾斜（左图）。双手 90 度翻转回到开始位置，从水中切过（右图）。

萨拉普踢腿分解练习

　　萨拉普踢腿分解练习的目的是增强核心肌群的力量，核心肌群是产生有效的核心动力的主要肌群。这项分解练习是有关腹部水平方向萨拉普位置的踢腿动作。

　　保持萨拉普位置，一只手臂伸至头部前方，另一只手臂保持在身体一侧，身体不要向一侧倾斜，萨拉普位置要求在伸展的斜向的脊柱扭转中控制好你的核心部分。这种萨拉普扭转，需要伸展头部前方的手臂那一侧的肩胛骨，使你的肩膀向前移动至脸颊一侧，确保肩膀一直保持在水面附近。如果肩膀下沉，低于头部，那意味着你已经向一侧倾斜了。

　　完成斜向脊柱扭转，需要将髋部抬向相反一侧，即手臂在身侧的那一侧，这样你的身体就处在萨拉普平面上了。扭转是轻微的，拉伸的位置张力不超过 88.96 牛，你能感受到躯干上腹部的力量，并且能激活你的膈（呼吸肌），伸展扭转带来的强有力的呼吸有助于训练竞技呼吸。

　　在这项分解练习中，双手都没有锚定在水中，你的脚就作为锚定点，使你能够转动回到萨拉普位置。当你踢腿时，通过脚的上部控制水流。

　　萨拉普踢腿训练要求在整个 25 ～ 50 米的距离中保持静态的萨拉普姿势。

在踢腿时，保持静态的萨拉普脊柱扭转姿势，踢腿的脚作为保持这个姿势的锚定点。

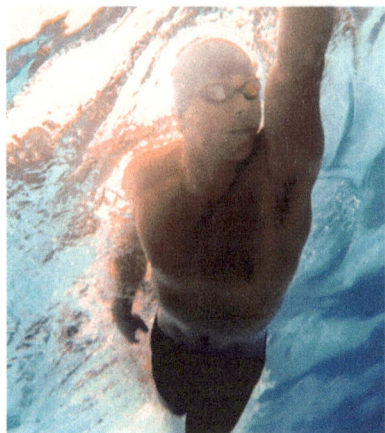

踢腿时，保持一侧手臂向前伸展（肩膀至脸颊附近），另一侧手臂在身侧，感受上腹部的力量。

萨拉普单侧划臂分解练习

从技巧上而言，这项练习和单侧划臂分解练习一样，但是进行这项练习时，你需要关注的是核心运动，而非向下的单侧水下划臂。这项分解练习是动态的：在每一个动作中，核心肌群在一个斜面上驱动并伸展。增强在水中有效的控制力很重要，这能够使核心部分正确运作，其目的正是在针对划臂和踢腿要领进行几周训练后，为单侧划臂分解练习的新运用做准备。但你以萨拉普核心驱动为关注点时，时机也很重要。

在进行这项分解练习时，一侧手臂保持在头部前方或是身侧（可以自选）保持静止，另一侧手臂进行动作，这里以右侧手臂进行动作为例。当你在感受抓水之前伸展右臂，注意在萨拉普姿态中伸长你的核心部分。身体不能向一侧倾斜，而是右侧自核心肌群向前伸展，当右手 / 手臂准备抓水时，注意时机，核心部分动作要

当一侧手臂运动时，保持另一侧手臂静止不动，并且保持和核心驱动部位的运动相协调。

和划臂协调一致，在划臂和核心部分之间找到节奏和连接。你会感觉到由髋部发起的核心驱动，这意味着在划臂的抓水阶段，不会感觉到上部核心驱动部分使其运动，上部核心部分在髋部运动后开始运动。当进行到水下划臂阶段时，上部核心部分获得动能，并且在斜向划臂和完成阶段蓬勃高涨。这个动作以右侧动态的髋部驱动结束，时间配合右侧手部完成动作，髋部驱动需要轻微的脊柱扭转，但不是向一侧倾斜，就像髋部发起驱动时一样，也是由髋部结束驱动。

当右手在水中准备还原阶段的水面上动作时，菱形肌提起，把握另一侧（左侧）的驱动的时机和节奏。左侧手/手臂是静止不动的，因此没有锚定点，左侧驱动的更多动能是来自于右侧手臂在水面上还原阶段向前抛掷的力量。强有力的辅助踢腿动作也很有用，因为踢腿可以为核心驱动提供一个锚定点。

在这项分解练习中找到同步性，当一个动作节奏连贯时，那种感觉很美妙。

踢腿分解练习

带浮板踢腿：在游泳训练中，最常见的踢腿练习是带浮板踢腿。在你感觉舒服的位置抓住浮板，无论你抓着的是浮板的上部、边沿，或是靠近底部，你的下部核心部分都能得到很好的锻炼。不过多数顶尖的游泳运动员都是抓着浮板的上部，把手臂搁在浮板上，头部保持在水面上，直视前方。

大多数游泳运动员更喜欢抓住浮板的上部边缘。

自由泳踢腿时，用脚尖控制水流，弯曲膝盖向下踢腿，伸直膝盖向上踢腿。

　　流线型体态仰卧踢腿：有些踢腿练习要求保持流线型体态仰卧
踢腿，这类练习不能使用浮板。手臂在头部上方尽可能夹紧，伸展
你的核心部分，保持流线型体态，这种伸展的姿势有助于增强游泳
力量。在这期间，你是仰躺着的，注意屈膝向上踢，伸直腿向下踢，
这和俯身游的时候正相反。

保持流线型体态仰卧踢腿时，伸展你的核心肌群。

当仰卧踢腿时，弯曲膝盖向上踢腿向前推进，伸直腿部时向下踢腿，这和俯
身游的时候正好相反，保持上臂稳定，踢腿时膝盖始终不超过水面。

第 6 章　拉力带训练卡

拉力带训练介绍

　　没有任何其他工具在训练增强水下划臂力量和灵活性方面能比拉力带更有效了。这是我训练和比赛的秘密武器，因此也是这些训练的支柱。每次训练都包含一组拉力带训练，一般在游泳练习的最后，偶尔也会在开始时，每次训练中的拉力带训练一般在 10 分钟左右。

　　记住，拉力带训练在本质上是力量训练，因此建议训练量为每周 3 次（一周不要超过 4 次）。如果某一天你无法去泳池，或是你去的游泳池不方便做拉力带训练，那请尽量在家完成拉力带训练。这将有助于你实现增强力量和适应性的目标。拉力带可以方便地收纳在行李箱中，即使你出门在外，也可以坚持锻炼。

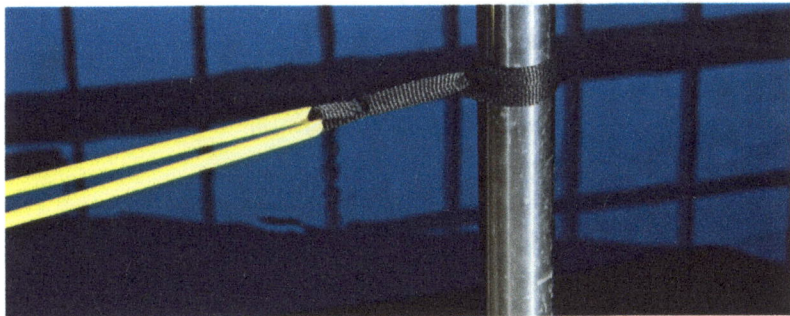

将你的拉力带系在一个固定的杆上，确保你可以拉得足够远，带子不会松，拉力带一开始应该稍稍绷紧。

　　在市面上的拉力带产品中，我比较喜欢 Halo 这个品牌的。我喜欢它的把手设计，并且按颜色区分不同阻力等级的拉力带。黄色阻力最小、红色中等、蓝色阻力最大。80% 的游泳运动员能通过使用红色阻力带受益。如果你有专业游泳背景，或是经常做阻力 / 力量训练，那蓝色拉力带也是不错的选择。黄色适合于青少年（10 岁或以下）或是肩部有伤病或者身体上部力量基础不够的成年人。

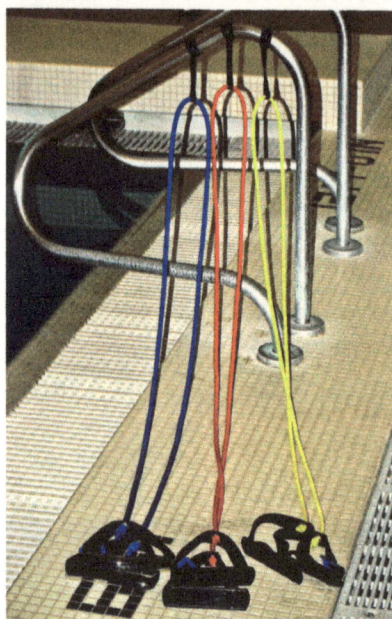

拉力带训练技巧

　　无论你是在凳子上还是站着进行拉力带训练，或是蝶泳式还是自由泳式拉动，拉力带全力拉动技巧是相同的。

　　高肘姿势：双手放在塑料把手和尼龙带之间，收紧手部周围的尼龙带，保持手掌张开伸平，绷直指尖，不要将手握成拳状。上臂抬起至肩膀高度，保持与身侧 7.62 ~ 10.16 厘米宽的弧度，略宽于双肩。稍稍转动 / 扭转上臂，使肘部向上，连接肩胛骨的肌肉向前伸展，手腕伸直，保持和前臂齐平，同时肘部弯曲使前臂和指尖向下。

　　后拉：前臂和手向后压，指尖向下，模仿高肘抓水阶段。当手 / 前臂经过头部下方时，斜向划臂阶段开始，上臂向腋下挤压，像是夹着一个气球。当上臂挤压时，手 / 前臂向内倾斜 3 ~ 5 度至身体

泳池中和泳池外高肘划水阶段动作。

下方。肘部仍然向外，保持在身体侧线外。手部经过肚脐下方后，进入完成阶段，要求手部倾斜 3 ~ 5 度指向髋部。在完成阶段伸直手部 / 手臂，但是不要僵硬。

　　恢复：完成划臂后，手 / 前臂从下面回到开始姿势。不需要模仿自由泳水上恢复阶段的动作，因为拉力带的弹力很大，有可能给肩膀造成伤害。

在斜向划臂阶段，上肢向腋下挤压，而手 / 前臂向内倾斜，置于身体下方。

自由泳式拉力带训练和蝶泳式拉力带训练比较

拉力带训练可以两只手同时后拉（蝶泳式）或是两只手交替后拉（自由泳式），在训练中两者都有。无论是蝶泳式还是自由泳式，手臂的后拉位置和技巧都是一样的。当你做蝶泳式训练时，你会感觉核心部分运动得更多，因为你是两臂同时进行高肘抓水。蝶泳式核心肌群锻炼得更多，但两手同时拉动对协调性要求相对简单。

学习使用拉力带时，自由泳式可能相对难一些，因为两只手臂异步动作，一只手向后拉，另一只手回到开始位置，这需要掌握好时机。一开始可以慢慢来，如果有必要，每拉一次可以暂停一下，当技术熟练、自然了，就能感受到两只手臂的节奏了，这是对水中节奏和时机的把握的完美诠释。要找到自己的节奏和力量，需要几周或者几个月的持续练习，不要着急，欲速则不达。正确拉动技巧必须建立在速度、节奏、时机配合一致的基础上，有耐

自由泳高肘抓水阶段　　　**自由泳斜向划臂阶段**　　　**自由泳完成阶段**

自由泳式全力拉力带练习：当右臂后拉时，左臂向前进入高肘抓水姿势。（谨记从下面回到抓水姿势。）

心一定有成效。

　　训练卡片总要求进行"全力"拉力带训练时，要注意一次重复动作是手臂的一个完整循环，这意味着必须右手拉回，左手也要和右手保持一样的全力拉回。

蝶泳高肘抓水阶段　　　　**蝶泳斜向划臂阶段**　　　　**蝶泳完成阶段**

蝶泳式全力拉力带练习：在每次抓水的开始阶段，感受核心部分以及肩胛骨周围肌群的竞技张力。

肱三头肌练习

本书训练中的拉力带组合训练很多是针对肱三头肌的拉力带练习，这项练习动作短小精悍，训练的是上肢力量，以及对自由泳完成阶段的练习。

做这项练习时，和全力后拉一样手腕弯曲。双手置于髋部外侧、大腿附近，手指和前臂垂直于地面，肘部呈 90 度弯曲。上臂保持在身体两侧，并且在整个练习过程中保持这样的姿势，这对肩膀和核心部位稳定性要求很高，对很多人而言，这部分最为困难。肱三头肌练习需要使用肱三头肌拉直手臂，通过双手后压直至越过髋部，使从 90 度屈肘至手臂伸直。这是一组非常短小精悍的动作。不要晃动肩部关节，保持肩膀稳定，不要移动。在完成手部越过髋部的动作后，肘部弯曲，再回到开始的位置，路线和后压动作相同，但是方向相反。肱三头肌练习有助于增强肘部协调性和力量。

开始姿势 **完成姿势** **回到起点**

肱三头肌练习：整个动作上臂在身侧保持稳定，从肘部 90 度弯曲开始，至手臂伸直结束，只使用肱三头肌。

这项练习看起来简单，但其实是本书中最为艰苦的训练，如果做得好，你的游泳水平会有飞跃提升。

肱三头肌练习是针对增强游泳中特定的上臂力量的最好的练习方法，是自由泳动作强劲有力的关键。

使用 Halo 长凳拉力带训练

　　拉力带练习也可以在 Halo 长凳上完成，它的平板可以引导游泳运动员正确划臂。因为泳姿的高肘抓水阶段是运动员最难以自然呈现的部分，这个平板有助于对这一阶段进行指导。

　　游泳运动员俯卧在平板上，摆出高肘抓水姿势，然后以这个平板作为引导。在你的头部下方手 / 前臂后压的位置，平板收窄，引导整个斜向划臂阶段手 / 前臂动作，在长凳接近髋部和大腿附近，有一个刷子附件，这能提醒运动动作完成于髋部附近，不要超过了。

　　在长凳上进行练习也有利于保持身体水平来模仿游泳姿态，这能够增强核心部位和腿部肌肉力量。在划臂时保持核心部位和腿部正确的肌肉张力，将其转化为游泳时的核心力量。

　　长凳还可以进行速度训练。一旦运动员掌握了正确的技巧，就可以在训练中加入速度和节奏训练。我在《游泳突破：提速秘诀》一书中讲过奥运游泳选手的竞技速度，可以以其为指导进行 Halo 长凳拉力带训练。

高肘抓水阶段

斜向划臂阶段

完成阶段

在 Halo 长凳上进行拉力带训练时，平板可以引导运动员正确地划臂，尤其是在难度较大的高肘抓水阶段。

Halo HEAT 高肘抓水拉力带练习

在游泳运动员和铁人三项运动员的自由泳技术中，经常犯的一个错误就是在划臂阶段缺少核心肌群的参与。当运动员手部后压，而手 / 手臂没有形成一个整体时，或是在斜向划臂阶段，上臂位置不正确时，这种错误就会产生。Halo HEAT 正是有效解决这类错误的工具。

HEAT 是 "High-Elbow Attachment Tubing" 的首字母组合，表示 "高肘抓水拉力带配件"。这个设计类似于 Halo 的手桨拉力带，但是在手部周围收紧的不是尼龙带，而是一个刚好在手肘上方套住上臂的护臂袖套。这种袖套配件能够帮助运动员在划臂阶段正确运用核心肌群。游泳运动员将高肘抓水拉力带配件配合 Halo 手桨拉力带一起使用，能够学会在划臂过程中同时使用手 / 前臂和上臂。

HEAT 设计初衷就是配合手桨拉力带一起使用的，并非单独使用的（单独使用 HEAT 无法使肌肉得到恰当的锻炼，因为手被排除在外了），融入 HEAT 的训练和单独使用手桨拉力带的训练的技巧是一样的。这两种练习相结合会增加训练量，比单独使用手桨拉力带的训练强度要大。拉力带训练本身没有要求你一定要加入 HEAT 训练，但是如果你觉得够强壮，我强烈推荐将两种方法结合在一起训练。

有关阻力等级，HEAT 可以使用和手桨拉力带相同的阻力等级（参见 "拉力带训练介绍"）。如果两者结合起来使用阻力太大，HEAT 的阻力等级可以下调一级。比如，如果手桨拉力带你使用的是阻力最大的蓝色拉力带，那么 HEAT 你可以使用中等阻力的红色拉力带。不建议提高 HEAT 的拉力带阻力等级，因为这样无法在你的上臂和手 / 前臂的运动量之间实现有效的平衡。

高肘划臂阶段　　　　**斜向划臂阶段**　　　　**完成阶段**

Halo 手桨拉力带和 HEAT 的结合使用可以提高运动员拉力带训练强度。HEAT 和上臂相连，刚好固定在手部上方，能够提醒你上臂和前臂的运动技巧，同时使核心肌群参与训练。

第 1 周 −1

　　训练目的：建立一个动作次数和动作周期的基准，增强力量，关注对水流的感受。

热身阶段

400 直线练习 @ 1:00 休息 `60%~65%`

200 自由泳 / 50 踢腿 / 100 自由泳 / 50 踢腿

这个 50 的踢腿可以不带浮板。

10 × 25 带浮板划臂 @ 0:30, 0:40, 0:50，或 1:00 ⋯⋯⋯⋯⋯⋯

选择 0:05 ~ 0:10 间歇休息

奇数组：轻松 `60%~65%`

偶数组：规定加速至 `90%`

100 轻松 `60%~65%`

主训练组

12 × 50 自由泳 @ 0:50，1:00，1:15，或 1:30 ⋯⋯⋯⋯

选择 0:15 ~ 0:30 间歇休息

4 组：

50 轻松 `60%~65%` / 50 中速 `70%~75%` / 50 快速 `90%~95%`

	第 1 组	第 2 组	第 3 组	第 4 组
轻松	_____	_____	_____	_____
中速	_____	_____	_____	_____
快速	_____	_____	_____	_____

第 1 组和第 3 组：让朋友或教练帮忙记录。
第 2 组和第 4 组：记录动作次数。

踢腿训练组

6 × 50 带浮板踢腿 @ 1:00, 1:15, 1:30, 或 1:45 `75%~80%`

每 50 最后 12.5 全力冲刺 `100%`

力量训练组

3 × 0:30 撑起 (最多 8 次) @ 0:45 休息

分解练习组

4×

0:30 站立式手臂胸下摇橹分解练习 @ 0:45

100 自由泳 规定加速 @ 1:40, 2:00, 2:15, 或 2:30 .... 选择 0:10 ~ 0:20 间歇休息

开始 `70%~75%` → `90%~95%`

额外训练组

5 × 100 @ 1:40, 1:50, 2:10, 或 2:30 `70%~75%` .... 选择 0:05 ~ 0:15 间歇休息

25 泰山分解练习 / 75 自由泳练习

整理阶段

100 轻松 `60%~65%`

拉力带训练组

4 × 15 ～ 25 全力后拉 .... 每组之间休息 1:00 ~ 1:30

奇数组做自由泳式，偶数组做蝶泳式

不要担心数字，它们只是作为一个参考，重要的是你今天所完成的对你有益。

总计：2150 （含额外训练组：2650 ）+ 拉力带训练

训练目的：感受水下划臂 3 个阶段（高肘抓水阶段、斜向划臂阶段和完成阶段）中的水流。

热身阶段

4 × 75 @ 0:15 休息 `60%-65%`

50 游泳 / 25 水平式手臂胸下摇橹分解练习

分解练习组

`3×`
0:40 站立式手臂胸下摇橹分解练习 @ 1:00
4 × 25 单侧划臂分解练习 @ 0:15 休息 `70%-75%`

第 1 组往返：关注上臂保持稍稍向外弧度，手 / 前臂向下准备抓水时，肘部向上

第 2 组往返：在斜向划臂阶段，关注手 / 前臂的倾斜角度

第 3 组往返：在完成阶段，关注手部的倾斜角度

主训练组

6 × 200 @ 0:20 休息 `70%-75%`

50 带浮板单侧划臂分解练习 / 150 游泳

1 ～ 2：关注高肘抓水阶段

3 ～ 4：关注斜向划臂阶段

5 ～ 6：关注完成阶段

踢腿训练组

6 × 50 踢腿 @ 1:00, 1:15, 1:30, 或 1:45......................... 选择 0:10 ~ 0:20 间歇休息

25 全力 **100%** / 25 轻松 **60%-65%**

额外训练组

6 × 100 @ 1:50, 2:00, 2:15, 或 2:30 **70%-75%** .... 选择 0:20 ~ 0:30 间歇休息

奇数组：50 泰山分解练习 / 50 狗刨式分解练习

偶数组：100 带浮板划臂

整理阶段

100 轻松 **60%-65%**

拉力带训练组

5× 每组之间休息 1:00 ~ 1:30

10 ~ 15 全力后拉

5 ~ 10 肱三头肌练习

自由泳式或蝶泳式，自选

第 1、3、5 组：关注全力后拉的高肘抓水阶段动作

第 2、4 组：关注全力后拉的斜向划臂阶段动作

肱三头肌练习：关注完成阶段

总计：2200（含额外训练组：2800）+ 拉力带训练

第 1 周 -3 希瑞训练

训练目的：速度、技巧和控制呼吸的有氧游泳训练。

这些终点间歇来源于我的训练日志，注意其中对强度等级和休息时间的描述，可以调整至适合你自己的水平。所有这些训练项目都很重要，如果你要减少训练量，可以减少每种训练的重复次数，而不能将整项训练删除。

热身阶段

2 × 400 @ 0:20 休息 `60%~65%`

第 1 组 400： 100 自由泳 / 100 踢腿 / 100 分解练习 / 100 自由泳

第 2 组 400： 100 蝶泳 / 100 踢腿 / 100 分解练习 / 100 蝶泳

如果你不会蝶泳，可以用另一种泳姿替换。

9 × 100 带浮板划臂 @ 1:30 `70%~75%` .... 休息 0:15

3 组练习：

100 每游 3 下呼吸一次 (1.5 个完整动作循环)

100 每游 5 下呼吸一次 (2.5 个完整动作循环)

100 每游 7 下呼吸一次 (3.5 个完整动作循环)

从膈进行呼吸，在整个 100 距离中，如果每游 5 或 7 下呼吸一次对你而言太难，可以尝试着游 1 或 2 个 25 秒呼吸一次。如果需要，在每组练习之间还可以增加额外的休息时间，以保持呼吸平稳。

主训练组

8 × 75 @ 1:30 .... 休息 0:35

奇数组： 25 泰山分解练习 快速 `90%~95%` / 50 轻松 `60%~65%`

偶数组： 25 快速 `90%~95%` / 50 轻松 `60%~65%`

这些 25 秒要注重质量，因此休息时间不能打折扣，至少和我做的一样。

93

4 × 0:30 直立踢腿 `80%~85%` .... 休息 0:30

直立踢腿是一种静态踢腿练习，直立在水中，头部和双手保持在水面上，只进行踢腿练习。

8 × 75 @ 1:20 .... 休息 0:35

奇数组：25 快速 `90%~95%` **/ 50 轻松** `60%~65%`

偶数组：25 泰山分解练习 快速 `90%~95%` **/ 50 轻松** `60%~65%`

这一组练习仍然要求注重质量，休息时间不能有折扣，至少照我的做。

200 单侧划臂分解练习 `60%~65%` .... 休息 1:00

4 × 0:30 直立踢腿 `80%~85%` .... 休息 0:30

12 × 50 @ 1:00

4 组：

25 水下 / 25 轻松 `60%~65%` .... 休息 0:20

50 蝶泳 `70%~75%` .... 休息 0:25

50 单侧划臂分解练习 `60%~65%` .... 休息 0:15

这组训练能够锻炼菱形肌，感受蝶泳时菱形肌运动，手臂抬出水面，并且将此运用到单侧划臂分解练习中。

整理阶段

300 轻松 `60%~65%`

拉力带训练组

6 × 1:30 全力后拉 .... 休息 1:30

奇数组自由泳式，偶数组蝶泳式

选自 2003 年 4 月 4 日训练日志（SCY）

总计：4000 + 拉力带训练

第2周 -1

训练目的：强化高肘抓水和强有力的踢腿动作，锻炼核心部位。

热身阶段

3 × 150 @ 2:30, 3:00, 3:30, 或 4:00 **60%~65%** ·········· 选择 0:15 ~ 0:25 间歇休息

50 游泳 / 25 水平式手臂胸下摇橹分解练习 / 50 游泳 / 25 流线型体态仰卧踢腿

分解练习组

8 × 50 @ 1:00, 1:15, 1:30, 或 1:45 **70%~75%** 选择 0:15 ~ 0:30 间歇休息

2 组：

50 带浮板单侧划臂分解练习（右臂）

50 带浮板单侧划臂分解练习（左臂）

50 带浮板单侧划臂分解练习 (25/ 右臂，25/ 左臂)

50 游泳，专注于高肘抓水，特别是要注意当前臂逐渐向下时，上臂稍稍向外弯曲。

主训练组

2×

4 × 75 自由泳 @ 1:00, 1:15, 1:30, 或 1:45 **80%~85%** 选择密集间歇，休息时间不超过 0:10

这组练习需要体力，你可能会觉得很累。

2 × 50 @ 1:00, 1:15, 1:30, 或 1:45 **60%~65%** ·········· 选择 0:15 ~ 0:30 间歇休息

25 泰山分解练习 / 25 轻松

4 × 25 带浮板踢腿 @ 0:40, 0:50,

1:00, 或 1:10 `90%~95%` .... 选择 0:15 ~ 0:25
间歇休息

对，这应该很累——加油！加油！加油！

100 轻松 `60%~65%` .... 在进行下一组训
练前休息 1:00

额外训练组

6 × 100 带浮板划臂 @ 1:50, 2:05,

2:20, 或 2:40 .... 选择 0:10 ~ 0:20
间歇休息

25 前交叉分解练习 `70%~75%` / **75** 加速到 `90%~95%`

前交叉分解练习和规定加速训练都应带着浮板进行。

整理阶段

100 轻松 `60%~65%`

拉力带训练组

4 ~ 6 × 0:30 全力后拉 .... 每组之间休息 1:00

自由泳式或蝶泳式，自选

总计：2150（含额外训练组：2750）+ 拉力带训练

训练目的： 在游泳组合训练中融合水感和高肘抓水分解练习，牢记游泳动作要领。

热身阶段

2×

选择 0:10 ~ 0:20 间歇休息

100 自由泳 @ 1:30, 1:45, 2:00, 或 2:15 `60%~65%`

50 带浮板踢腿 @ 1:00, 1:20, 1:40, 或 2:00 `60%~65%`

0:40 站立式手臂胸下摇橹分解练习 @ 1:00

2 × 25 单侧划臂分解练习 @ 0:30, 0:40, 0:50, 或 1:00 `60%~65%`

蹬壁后保持流线型体态。

主训练组

2×

5 × 100 自由泳 , 递进加速 1 ~ 5 @ 1:40, 1:50, 2:00, 或 2:15

第 1 个 100 → 第 5 个 100 `60%~65%` → `90%~95%`

100 轻松 @ 1:40, 2:00, 2:20, 或 2:40 `60%~65%`

选择 0:10 ~ 0:20 间歇休息

50 前交叉分解练习 / 50 游泳

2 × 25 自由泳 @ 0:35, 0:40, 0:50, 或 1:00 `90%~95%`

0:30 站立式手臂胸下摇橹分解练习 @ 1:00

确保在这组训练最快的部分也要控制住水流，不要浪费时间。

踢腿训练组

4 × 75 带浮板踢腿 @ 1:45, 2:00, 2:15, 或 2:30 ⋯⋯⋯⋯ 选择 0:15 ~ 0:25
间歇休息

25 中速 `70%-75%` / 25 快速 `90%-95%` /

25 中速 `70%-75%`

额外训练组

5 × 50 自由泳 @ 0:35, 0:45, 0:55, 或 1:10 `85%-90%` ⋯ 选择不超过 0:05
间歇休息

这组训练确实比较艰苦，不是递进训练，而是一直要保持高速，
尝试挑战自己！

100 轻松 @ 1:40, 2:00, 2:20, 或 2:40 `60%-65%` ⋯⋯⋯⋯ 选择 0:20 ~ 0:30
间歇休息

50 前交叉分解练习 / 50 游泳

2 × 25 自由泳 快速 @ 0:40, 0:50, 1:00, 或 1:15 `90%-95%`

0:30 站立式手臂胸下摇橹分解练习

整理阶段

100 轻松 `60%-65%`

拉力带训练组

4×   每组之间休息
1:00 ~ 1:30

  15 ~ 20 全力后拉

  5 ~ 10 肱三头肌练习

自由泳式或蝶泳式，自选

总计：2200（含额外训练组：2500）+ 拉力带训练

训练目的：通过蝶泳提高自由泳水平。

蝶泳是进行自由泳训练很好的训练方法，因为蝶泳没有萨拉普核心旋转，因此，当上臂保持轻微向外弯曲，前臂向下抓水时，肩部必须保持稳定。而自由泳要求肩部有同样的稳定性，要求在一个横向平面上驱动核心部位，而不能过度扭转肩部。蝶泳也能锻炼菱形肌，双臂同时出水增强菱形肌力量，这对自由泳也大有裨益。

这些终点间歇来源于我的训练日志，注意对强度等级和休息时间的描述，可以根据自己的情况进行调整。

热身阶段

5 × 200 自由泳 @ 3:00 `65%~70%` .... 休息 0:15

注意：热身阶段是专注于蹬壁后流线型体态的好机会。

主训练组

5 × 100 强力自由泳 @ 1:15 `80%~85%` .... 休息 0:03 ~ 0:05

减短终点间歇，让血液流动起来，挑战自己，这一组训练并不是很长。

6 × 150 中速 @ 2:15 `70%~75%` .... 休息 0:12 ~ 0:15

100 自由泳 / 50 蝶泳

如果你是蝶泳新手，可以将这组训练调整成 125 自由泳 /25 蝶泳，或者只重复做 4 组。你也可以选择更长的终点间歇时间，使自己多休息一会儿，但休息时间不要超过 30 秒。

11 × 100 中速 @ 1:30 `70%~75%` .... 休息 0:07 ~ 0:09

25 蝶泳 / 50 自由泳 / 25 蝶泳

蝶泳太多？你可以调整为 25 蝶泳 / 50 自由泳 / 25 任选泳姿。如果必要，也可以减少至 6 ~ 8 组。

整理阶段

500 轻松 `60%~65%`

在整理阶段，我偶尔喜欢潜到池底游个 25 或 50，一侧腿蹬池底，做一个缓慢、放松的蛙泳长划手，然后再用另一侧腿蹬池底，感受周围的水流。当需要呼吸的时候浮上水面，然后再潜进水中，享受深蓝池水中的宁静。

拉力带训练组

4 × 1:00 全力后拉 .... 休息 1:30

奇数组自由泳式，偶数组蝶泳式

选自 2003 年 7 月 9 日训练日志（LCM）

总计：4000 + 拉力带训练

第 3 周 –1

训练目的：高肘抓水和控水能力训练。

热身阶段

5 × 100 轻松 @ 1:50, 2:00, 2:15, 或 2:30 `60%-65%` ⋯⋯⋯⋯ 选择 0:10 ~ 0:20 间歇休息

每 100 最后 25：流线型体态仰卧踢腿

分解练习组 1

10 × 50 自由泳 @ 1:00, 1:15, 1:30, 或 1:45 `70%-75%` ⋯⋯ 选择 0:10 ~ 0:15 间歇休息

奇数组：25 水平式手臂胸下摇橹分解练习 / 25 规定加速至 `90%-95%`

偶数组：25 前交叉分解练习 / 25 规定加速至 `90%-95%`

当进行 25 规定加速游时，要控制好水流，不要浪费时间。

分解练习组 2

10 × 75 @ 1:15, 1:30, 1:45, 或 2:00 ⋯⋯⋯⋯⋯⋯⋯⋯⋯ 选择 0:5 ~ 0:20 间歇休息

奇数组：75 自由泳 `80%-85%`

偶数组：25 狗刨式分解练习 / 25 自由泳 / 25 泰山分解练习 `70%-75%`

踢腿训练组

10 × 25 快速带浮板踢腿 @ 0:45, 0:55, 1:05, 或者 1:15 `90%-95%` 选择 0:20 ~ 0:30 间歇休息

这组动作全部要求快速、高质量完成，因此会比较艰苦。

额外训练组

600 带浮板划臂

每 300 后半程加速

300 的前 150 `70%-75%` / 300 的后 150 `90%-95%`

整理阶段

100 轻松 `60%-65%`

拉力带训练组

3× ·························· 每组之间休息 1:00 ~ 2:00

10 全力后拉

10 ~ 15 肱三头肌练习

5 ~ 10 全力后拉

自由泳式或蝶泳式，自选

第 3 周 -2

训练目的： 通过长距离划臂和撑起，锻炼耐力和力量。

热身阶段

100 轻松 @ 0:15 休息 `60%~65%`

3 × 50 带浮板踢腿 @ 0:15 休息 `60%~70%`

100 自选分解练习 @ 0:15 休息 `60%~70%`

3 × 50 带浮板踢腿 @ 0:15 休息 `60%~70%`

每 50 最后 12.5 冲刺 `90%~95%`

100 轻松 `60%~65%`

主训练组

3× ·· 选择 0:05 ~ 0:15 间歇休息

10 × 50 带浮板划臂 @ 0:45, 0:50, 1:00, 或 1:10

第 1 组： 递进加速训练，1 ~ 5 组 →6 ~ 10，从 `60%~65%` → `90%~95%`

第 2 组： 全部 10 组保持平均、持续的速率 `80%~85%`

第 3 组： 25 轻松 `60%~65%` / 25 快速 `90%~95%`

2 × 0:30 撑起练习（最多 8 次）@ 1:00

额外训练组

8 × 50 踢腿 @ 1:30, 1:45, 2:00, 或 2:15 **90%~95%** .... 选择 0:40 ~ 0:50
间歇休息

这是极具挑战性的一组训练，因为每个 50 要求速度很快。如果你能通过踢腿有效地控制住水流，你可以在这组训练中使用脚蹼。

整理阶段

100 轻松 **60%~65%**

拉力带训练组

5 × 20 全力后拉 .... 每组之间休息 1:00 ~ 1:30

自由泳式或蝶泳式，自选

如果能力允许，你可以在每组结束后，加上 10 次肱三头肌练习。

训练目的： 进行中长距离游泳有氧训练，以在感觉非常疲劳和训练量"很重"时保持状态。

这次训练是在我专注于加强水面上力量的那几周的训练内容，包括力量训练、功能核心部位训练、瑜伽和拉力带训练，因此这组训练的目标在于通过中长距离游泳练习，在感觉非常疲劳和训练量"很重"的时候保持良好的状态。

这些终点间歇来源于我的训练日志，注意对强度等级和休息时间的描述，可以根据自己的情况进行调整。

热身阶段

800 轻松 `60%~65%` .... 休息 2:00

每第 4 个 25： 流线型体态仰卧踢腿

4 × 100 自由泳 @ 1:30 .... 休息 0:15 ~ 0:20

75 轻松 `60%~65%` **/ 25 规定加速至** `90%~95%`

如果你需要减低训练量，那么在热身阶段可以不用游到 800，只游 400 ～ 600，再游 2 ～ 3 个 100 的自由泳练习即可。尽量全部完成接下来的两组训练，如果当你感到疲劳的时候，还能一直保持良好的泳姿，这对你是大有裨益的。

主训练组

10 × 200

1 ～ 3： 自由泳 @ 2:25 `70%~75%` .... 休息 0:05 ~ 0:10

4 ～ 7： 自选（蝶泳 / 仰泳 / 蛙泳 / 自由泳）

@ 2:50 `70%~75%` .... 休息 0:10 ~ 0:15

8 ～ 10： 自由泳 @ 2:25 `70%~75%` .... 休息 0:05 ~ 0:10

在整个中长距离训练组中保持手臂和核心肌群的肌张力。

105

踢腿训练组

8 × 100 带浮板踢腿

1 ~ 4： @ 1:40 `75%-80%` .... 休息 0:08 ~ 0:12

5 ~ 8： @ 1:50, 递进加速训练 `65%-70%` → `90%-95%` ..... 休息 0:15 ~ 0:25

如果你最近一直在进行踢腿训练，并且双脚已经能很好地控制水流，那么在这组训练中可以戴上脚蹼进行训练（或者后半程戴上）。

整理阶段

200 轻松 `60%-65%` .... 休息 1:30

拉力带训练组

4 × 1:00 全力后拉 .... 休息 1:30

奇数组自由泳式，偶数组蝶泳式

可以在今天游泳之前做一些更有挑战性的拉力带训练以达到感觉疲劳的效果，可以完成 10 × 200 和 8 × 100。

选自 2003 年 3 月 14 日训练日志（SCY）

第 4 周 -1

训练目的：高肘抓水和水感，减少动作次数，通过额外的伸展增强力量。

热身阶段

4 × 100 自由泳 @ 1:45, 1:55, 2:10, 或 2:30 `60%~65%`   选择 0:15 ~ 0:20 间歇休息

每 100 最后 25：动作次数减少 2 次

通常保持长时间蹬壁后流线型体态减少动作次数，并且在做高肘抓水伸展动作时，尽力伸展核心部位和肩胛骨周围肌肉，为力量练习负载更多理想的张力。

分解练习组

8 × 25 分解练习 `70%~75%` .... 为完成阶段的呼吸进行必要的休息

2 组：

25 水平式手臂胸下摇橹分解练习

25 完成阶段分解练习

25 前交叉分解练习

25 完成阶段分解练习

主训练组

8 × 150 自由泳 @ 2:30, 2:45, 3:00, 或 3:15 .... 选择 0:10 ~ 0:20 间歇休息

奇数组：动作次数每 25 减少 1 次 `70%~75%`

偶数组：从强到快速，正常的动作次数和节奏 `80%~90%`

记住，只有在训练力量时经历伸展以减少动作次数，这并不是游泳的理想节奏。

踢腿训练组

100 带浮板踢腿 @ 2:00, 2:30, 2:45, 或 3:00 `70%-75%`

3 × 50 带浮板踢腿，1 ~ 3 递进加速 @ 1:00, 1:15, 1:45, 或 2:00

第 1 个 50 → 第 3 个 50 `70%-75%` → `90%-95%`

选择 0:15 ~ 0:25 间歇休息

4 × 25 全力踢腿 @ 0:40, 0:45, 0:55 或 1:05 `100%`

带浮板或是流线型仰卧踢腿，自选

额外训练组

5 × 100 带浮板划臂 @ 1:40, 1:50, 2:00, 或 2:15

选择 0:15 ~ 0:20 间歇休息

75 强 `80%-85%` / 25 快速 `90%-95%`

整理阶段

100 轻松 `60%-65%`

拉力带训练组

4×　　　　　　　　　　　每组之间休息 1:00 ~ 1:30

15 自由泳式肱三头肌练习

10 ~ 15 自由泳式全力后拉

5 个蝶泳式全力后拉和 5 个蝶泳式肱三头肌练习交替，直到尽最大能力

最后这一项是一组无间歇拉力带训练，重复这个过程直至你做不了了为止。

训练目的：踢腿力量和感受萨拉普核心运动。

> **热身阶段**

300 游泳或分解练习自选 `60%~65%`

> **踢腿训练组**

3 × 75 带浮板踢腿，1 ~ 3 组递进加速 @1:30，1:45，
2:00，或 2:30 ⸺⸺⸺⸺ 选择 0:10 ~ 0:25
间歇休息

第 1 个 75 中速 `70%~75%` / 第 2 个 75 高强度 `80%~85%` /

第 3 个 75 快速 `90%~95%`

3 × 75 @1:30，1:45，2:00，或 2:30 `70%~75%` ⸺ 选择 0:10 ~ 0:20
间歇休息

25 萨拉普踢腿 右侧 / 25 萨拉普踢腿 左侧 / 25 自由泳

> **主训练组**

`3×`

2 × 25 萨拉普单侧划臂分解练习 @0:30，0:40，
0:50，或 1:00 `70%~75%` ⸺⸺⸺⸺⸺ 选择 0:05 ~ 0:10
间歇休息

150 @2:45，3:00，3:15，或 3:40 `75%~80%` ⸺ 选择 0:15 ~ 0:20
间歇休息

50 泰山分解练习 / 100 游泳

在泰山分解练习中，在手臂抬出水面时感受背部（菱形肌）的力量。
在 100 游泳中，用菱形肌抬起手臂，不要向一侧倾斜，感受萨拉
普核心运动。

踢腿训练组

6×

75 带浮板踢腿 @ 0:15 休息

25 快速 `90%~95%` / **50** 中速 `70%~75%`

0:30 撑起（最多 10 个）@ 0:45 休息

额外训练组

6 × 100 自由泳 @ 1:40, 1:50, 2:00, 或 2:15 .... 选择 0:20 ~ 0:30 间歇休息

2 组：

100 轻松 `60%~65%` / **100** 快速 `90%~95%` / **100** 轻松 `60%~65%`

整理阶段

100 轻松 `60%~65%`

拉力带训练组

5−7× 每组之间休息 1:00 ~ 1:30

15 全力后拉

10 肱三头肌练习

奇数组自由泳式，偶数组蝶泳式

今天 825 米的训练是踢腿，你的核心部位会更加强有力！做得很好！

训练目的：通过有氧运动训练增强游泳基础。

这些终点间歇来源于我的训练日志，注意对强度等级和休息时间的描述，可以根据自己的情况进行调整。

热身阶段

24 × 50 自由泳 @ 0:40 `60%~65%` .... 休息 0:03 ~ 0:07

在保持低强度训练时，选择一个终点间歇时间，但是不要休息太长时间。这要求你游这个 1200 时非常专注，对于专注力的训练和体力训练一样重要。不要删除热身阶段任何项目。

主训练组

6 × 200 自由泳 @ 2:40 `70%-75%` .... 休息 0:20

4 蝶泳蹬壁踢腿

可以减少训练量，只做 3 ~ 4 组，如果有必要也可以额外休息。但是不要忽视蝶泳踢腿，这有助于增强核心力量，是这组训练中最重要的部分。

8×

50 蝶泳 @ 0:45 `70%` .... 休息 0:10

100 自由泳 @ 1:30 `65%-70%` .... 休息 0:18

可以减少训练量至 4 ~ 6 组。如果 50 蝶泳太多，可以进行 25 腹部下方蝶泳踢腿，或是先仰泳再进行 25 蝶泳。这组组合训练锻炼的是你在蝶泳和自由泳之间转换时核心部位在不同方向的运动。

整理阶段

400 轻松 `60%~65%`

拉力带训练组

4 × 1:30 全力后拉 .... `休息 1:30`

奇数组自由泳式，偶数组蝶泳式

"坚持——回到目标水平"这是我在那个赛季的目标。当时我在停止一段时间训练后开始了 10 天的训练。即使我一直从事游泳运动 25 年，我也不能太长时间不游。写下你的目标，即使目标很简单。

选自 2002 年 12 月 13 日训练日志（SCY）

总计：4000 + 拉力带训练

第 5 周 –1

训练目的：明确理想的肌肉拉力和动作时长。

热身阶段

3 × 250 @ 0:30 休息 `60%-65%`

第 1 个 250：100 游泳 /25 水平式手臂胸下摇橹分解练习 /100 游泳 / 25 水平式手臂胸下摇橹分解练习

第 2 个 250：250 踢腿，每 125 的最后 25 加速到 `90%`

第 3 个 250：75 前交叉分解练习 / 100 游泳 / 75 前交叉分解练习

10 × 25 @ 0:30, 0:40, 0:50，或 1:00 ················ 选择 0:10 ~ 0:20 间歇休息

奇数组：流线型仰卧踢腿 `75%-80%`

偶数组：游泳，加速到 `90%`

主训练组

12 × 50 自由泳 @ 0:50, 1:00, 1:10，或 1:20 `75%-80%` ·······┐ 选择 0:10 ~ 0:20 间歇休息

1 ~ 3：尽力伸展，给肌肉额外的张力

4 ~ 6：以很小的伸展游泳，动作应该短小精悍

7 ~ 9：中等程度伸展，大概为全力伸展的 75% ~ 80%

10 ~ 12：调整动作时长，短一点、长一点或是中等长，哪一种你感觉最好，什么时候能找到节奏

500 自由泳 理想伸展 `70%-80%`

如果你已经找到了合适的节奏，进行 0:10 ~ 0:15 的冲刺。

额外训练组

4 × 100 带浮板划臂 @ 1:35, 1:45, 2:00，或 2:15 .... 选择 0:10 ~ 0:15 间歇休息

75 中速 `70%~75%` / **25** 快速 `90%~95%`

在伸展过程中，专注于正确的张力水平，感受正确的张力是如何引导动作中的节奏的。

整理阶段

100 轻松 `60%~65%`

拉力带训练组

3 × 20 ~ 30 肱三头肌练习 .... 每组之间休息 1:00 ~ 1:15

自由泳式或蝶泳式，自选

2 × 15 ~ 25 全力后拉 ....

自由泳式或蝶泳式，自选

总计：2200（含额外训练组：2600）+ 拉力带训练

训练目的：耐力训练，进行疲劳状态下 25 米冲刺至竞技速度训练。

热身阶段

400 @ 0:30 休息 `60%-65%`

100 游泳 / 200 踢腿 / 100 游泳

6 × 50 @ 0:50, 1:00, 1:10，或 1:20 .... 选择 0:10 ~ 0:20 间歇休息

奇数组：游泳或分解练习自选 `60%-65%`

偶数组：规定加速至 `90%`

主训练组

3 × 400 后半程加速练习，1 ~ 3 组 递进加速 @ 6:20, 7:00, 7:45,

或 8:30 .... 选择 0:15 ~ 0:30 间歇休息

第 1 个 400→ 第 3 个 400 `60%-65%` → `90%-95%`

这些练习既有后半程加速练习，也有递进加速练习，每个 400 的后 200 要比前 200 速度快，并且当你每个 400 这样进行时，你每个 400 的速度总体都会提高。在 200 的时候要看好时间。

竞速训练组

2 × 25 自由泳 全速 @ 0:45, 0:55, 1:00，或 1:10 `100%`

50 轻松 @ 0:30 休息 `60%-65%` .... 选择 0:20 ~ 0:30 间歇休息

2 × 50 带浮板踢腿 全速 @ 0:30 休息 `100%`

50 轻松 @ 0:30 休息 `60%-65%`

2 × 25 自由泳 全速 @ 0:45, 0:55, 1:00，或 1:10 `100%` …… 选择 0:20 ~ 0:30
间歇休息

在全速自由泳和 50 踢腿时，尽你所学。

这是这部分训练中最重要的部分。

额外训练组

2 × 300 带浮板划臂 @ 0:30 休息 `80%`

重点关注高肘抓水，并且在萨拉普平面上驱动你的核心部位。

4 × 25 带浮板划臂 全速 @ 0:45, 0:55, 1:00，或 1:10 `100%` …… 选择 0:20 ~ 0:30
间歇休息

整理阶段

100 轻松 `60%-65%`

拉力带训练组

`2×`

0:30 ~ 45 全力后拉 自由泳

0:30 ~ 45 全力后拉 蝶泳　　　　　　　　　每组之间休息 1:00

0:15 ~ 20 肱三头肌练习 自由泳

在这种组合训练中，练习控制快节奏。

训练目的：配合一些快速加速游进行长距离、轻松的恢复训练。

这些终点间歇来源于我的训练日志，注意对强度等级和休息时间的描述，可以根据自己的情况进行调整。

热身阶段

1000 自由泳 @ 15:00 `65%` .... 休息 2:30

主训练组

1000 戴手蹼自由泳 @ 15:00 `75%` .... 休息 2:30

重点关注高肘抓水，如果你没有手蹼，可以进行 1000 带浮板划臂，如要减量，可减至 800。

1000 戴脚蹼踢腿 @ 15:00 `75%` .... 休息 2:30

可以带着浮板或是以流线型体姿仰卧踢腿进行，或者结合两者一起进行，但是在每一组练习中要保持一致。如果你从带浮板转换到流线型仰卧踢腿，中间过渡时间不要太长。如果你没有脚蹼，可以尝试一个 1000 的踢腿练习，不戴脚蹼可能时间会更长，但你会受益更多。如需减少训练量，可减至 600 ~ 800。

竞速训练组

6 × 25 自由泳 @ 0:30

奇数组：轻松，不换气 `65%` .... 休息 0:10

偶数组：快速 `90%~95%` .... 休息 0:18

不要错过这一组训练。在不换气之前，快速的 25 训练会使心率激增，因此如果还是使用终点间歇，就相当困难了。因此可以选择一个间歇时间，使你能够充分休息，以便在不换气时游到最好。如果你喜欢这组训练，可以增加到 12 次。

整理阶段

350 轻松 60%~65%

如果你时间有限，可以只做 100。

拉力带训练组

3 × 50 全力后拉 .... 休息 1:30

奇数组自由泳式，偶数组蝶泳式

2 × 25 全力后拉 全速 ....

奇数组自由泳式，偶数组蝶泳式

这个 2×25 训练组，你可以超速进行，手臂移动尽可能快。

选自 1994 年 11 月 23 日训练日志（SCY）

总计：3500 + 拉力带训练

第 6 周 -1

训练目的：快速 / 全速训练，之前数周你已经很好地完成了技巧和力量的训练，现在开始进行一些快速游泳训练。

热身阶段

200 轻松 @ 0:20 休息 `60%~65%`

4 × 25 恢复阶段分解练习 @ 0:30, 0:40, 0:50，或 1:00 `65%`
想想萨拉普作用，在恢复阶段，肩胛骨向脊柱运动，将手臂抬升出水面。

选择 0:05 ~ 0:15 间歇休息

4 × 25 @ 0:45 休息 `65%~75%`

奇数组：前交叉分解练习

偶数组：完成阶段分解练习

确保在完成阶段分解练习过程中充分休息，控制好呼吸。

踢腿训练组

3 × 100 带浮板踢腿 @ 0:20 休息

75 中速踢腿 `70%~75%` / **25** 快速踢腿 `90%~95%`

游泳训练组

6 × 50 @ 0:50, 1:00, 1:15，或 1:30 `60%~65%`

选择 0:15 ~ 0:25 间歇休息

奇数组：规定加速至 `90%~95%`

偶数组：游泳或分解练习自选

主训练组

10 × 50 自由泳 @ 1:30, 1:45, 2:00，或 2:15 `90%~95%`

全程尽最大努力，每组之间充分休息。

选择 0:45 ~ 1:15
间歇休息

划臂训练组

4 × 150 带浮板划臂 @ 0:20 休息 `70%~75%`

中等强度力量训练，保持心跳平稳。

额外训练组

4 × 125 自由泳 @ 0:20 休息 `70%~75%`

第 1 个的最后一个 25： 泰山分解练习 增强菱形肌和核心肌群力量

整理阶段

100 轻松 `60%~65%`

拉力带训练组

5×

每组之间休息
1:00 ~ 1:30

0:30 全力后拉 自由泳

0:10 ~ 0:20 肱三头肌练习 蝶泳

在进入高肘抓水姿态时，看向手臂，确保抓水时前臂和指尖向地面方向。

总计：2200（含额外训练组：2700）+ 拉力带训练

训练目的： 针对斜向划臂阶段的技巧训练，以及紧凑终点间歇训练。

热身阶段

300 轻松 @ 1:00 休息 `60%~65%`

每 100 最后 25： 狗刨式分解练习，关注水下划臂的斜向划臂阶段

分解练习组

8 × 25 @ 0:30, 0:40, 0:50，或 1:00 `70%-75%` .... 选择 0:10 ~ 0:15
间歇休息

2 组：

25 单侧划臂分解练习（右臂）

25 单侧划臂分解练习（左臂）

25 前交叉分解练习

25 游泳

整组训练中关注斜向划臂阶段，想一想引导前臂在身下的正确倾斜角度，肘部是指向外侧而不是向上的，这些分解练习中也包含强有力的踢腿。

踢腿训练组

4 × 50 带浮板踢腿 @ 1:00, 1:15, 1:30，或 1:45 .... 选择 0:10 ~ 0:15
间歇休息

25 快速 `90%-95%` / 25 轻松 `60%-65%`

主训练组

12 × 100 自由泳 @ 递减间歇 .... 每 3 组之间没有额外的间歇时间

第 1 组 3 个 100 → 最后一组 3 个 100 `70%-75%` → `90%-95%`

每第 3 个 100 之后，终点间歇时间减少 0:05。挑战一下自己，最后 3 个 100 的间歇时间不超过 0:10，通过这个数字选择一个终点间歇时间，计算出你最开始的间歇时间，一般可以在最后间歇时间上加 0:15，就是你的开始间歇时间。

踢腿 / 分解练习组

3 × 100 @ 0:30 休息 `75%-80%`

50 踢腿 / 50 带浮板单侧划臂分解练习 (25 右臂 / 25 左臂)

专注于带浮板单侧划臂分解练习中的斜向划臂阶段。

额外训练组

3 × 150 带浮板划臂 @ 2:15, 2:40, 3:00，或 3:15 .... 选择 0:15 ~ 0:20 间歇休息

50 中速 `70%-75%` / 50 快速 `90%-95%` / 50 中速 `70%-75%`

整理阶段

100 轻松 `60%-65%`

拉力带训练组

4 × 30 ~ 45 全力后拉 .... 每组之间休息 1:30 ~ 2:00

奇数组自由泳式，偶数组蝶泳式

第 6 周 -3 希瑞训练

训练目的： 以最终高质量的游泳为条件，这项训练包括两组全力训练，我认为这是运动员最艰苦的一项训练，如果你确实是竭尽全力地完成的话。

这些终点间歇来源于我的训练日志，注意对强度等级和休息时间的描述，可以根据自己的情况进行调整。

热身阶段

300 轻松 @ 4:30 `60%-65%` ⋯⋯⋯⋯⋯⋯⋯⋯⋯⋯⋯⋯ 休息 0:45

300 流线型仰卧踢腿 @ 5:30 `70%~75%` ⋯⋯⋯⋯⋯ 休息 0:45

300 @ 4:30 `70%~75%`

50 蝶泳分解练习 / 50 自由泳

如果必要，可以用任何泳姿代替蝶泳。如果要减少训练量，可以用 200 的训练替换 300 的训练。

主训练组

2×

4 × 50 自由泳 @ 0:40 `70%-75%` ⋯⋯⋯⋯⋯⋯⋯ 休息 0:05 ~ 0:08

3 × 50 自由泳 @ 0:32 `85%-90%` ⋯⋯⋯⋯⋯⋯⋯ 休息 0:01 ~ 0:03

这个 3×50 自由泳训练尽全力游泳会使心率加快，如果要减少训练量，可在整组训练中只做 1 次。

8 × 25 自由泳 @ 0:55 `70%-75%` ⋯⋯⋯⋯⋯⋯⋯ 休息 0:40

每 25 的最后 8 ~ 10 冲刺 `100%`

如要减少训练量，可减至 4 组。

100 自由泳 @ 2:00 休息 `60%~65%`

10 × 50 自由泳 从入水开始全速 @ 1:10 `100%` .... 休息 0:45

如果需要，休息时间可增加至 1:00. 如果你觉得入水不舒服，也可以在完全撑起后再返回水中，蹬壁后开始下一个 50。

4 × 200 @ 3:00 `75%` 休息 0:25 ~ 0:30

100 蝶泳 / 100 自由泳

如果 100 的蝶泳太多，可以尝试在 200 的中间任何时候插入 50 或 2 × 25 蝶泳。这组训练是动态恢复（需要一点力量），心率需保持自低速到中速。如要减少训练量，可以只做 2 ~ 3 次重复。

4 × 100 自由泳 从入水开始全速 @ 4:00 `100%` .... 休息 3:00

这组训练类似于 10×50，但是也并不轻松，确保每游 100 后，休息至少 3:00。

整理阶段

500 轻松 `60%~65%`

转身后不呼气也不吸气

拉力带训练组

3 × 50 全力后拉 .... 休息 1:30

奇数组自由泳式，偶数组蝶泳式

这项训练，我原本计划要做得更多，但是在赛季中途我决定减短这项训练。倾听自己身体的声音很重要，如果你身体很疲劳，就减少训练。

选自 1994 年 11 月 22 日训练日志（SCY）

训练目的：萨拉普训练，包括经历伸展、加强力量。

热身阶段

4 × 125 @ 0:20 休息 `60%-65%`

75 游泳 / 25 萨拉普 单侧手臂分解练习 / 25 萨拉普踢腿分解练习

奇数组：右侧萨拉普分解练习

偶数组：左侧萨拉普分解练习

踢腿 / 分解练习组

8 × 50 @ 1:00, 1:20, 1:40，或 2:00 `75%-80%` ⋯⋯⋯⋯ 选择 0:15 ~ 0:20 间歇休息

奇数组：25 萨拉普踢腿分解练习 / 25 流线型仰卧踢腿

萨拉普左侧和右侧交替进行。

偶数组：带浮板单侧划臂分解练习 (25 右臂 / 25 左臂)

主训练组

3×

3 × 50 自由泳 @ 0:20 休息 `70%-75%`

减少动作次数，每 50 进行 2 ~ 3 次完整动作，尽力伸展核心部位做萨拉普运动，并且在抓水时尽力伸展肩胛骨周围肌肉。谨记这项练习的目的是增强力量，不是因为你想要在正常动作基础上过分伸展。

300 带浮板划臂 ，以理想的动作时长 @ 0:30 休息

200 中速 `70%-75%` / **100** 快速 `90%-95%`

额外训练组

2 × 200 带浮板单侧划臂分解练习 @ 0:45 休息 `75%~80%`

50 奇数组：右臂

50 偶数组：左臂

每个动作负载萨拉普张力，并且加入强有力的踢腿。这组分解练习要求力量和耐力！要坚持住！

整理阶段

100 轻松 `60%~65%`

拉力带训练组

4×
每组之间休息 1:30 ~ 2:00

15 ~ 20 全力后拉

10 肱三头肌练习

5 ~ 10 全力后拉

自由泳式或蝶泳式，自选

当你伸展进入高肘抓水阶段时，感受腹内斜肌和腹外斜肌以及前锯肌的运动张力。

总计：2350（含额外训练组：2750）+ 拉力带训练

第 7 周 -2

训练目的：高肘抓水的技巧和力量。

热身阶段

200 @ 0:20 休息　60%~65%

75 游泳 / 25 水平式手臂胸下摇橹分解练习

200 带浮板踢腿　65%~70%

第 4 和第 8 个 25 高强度　80%~85%

主训练组

下面的训练将 6×300 的练习分到具体的项目组中。乔治亚大学的游泳教练称其为"成功组合训练"。在 300 之间到下一个查找细节的 300 之间，不要超过 1:00。

4 × 75 @ 1:35, 1:50, 2:00，或 2:15　70%~75% ⋯⋯⋯⋯ 选择 0:15 ~ 0:25 间歇休息

25 单侧划臂分解练习（右臂）/25 单侧划臂分解练习（左臂）

25 前交叉分解练习

3×

100 自由泳 @ 1:45, 2:00, 2:15，或 2:30　70%~75% ⋯⋯⋯⋯ 选择 0:10 ~ 0:15 间歇休息

0:15 撑起练习 (最多 5 次) @ 0:15 休息

300 带浮板划臂 @ 1:00 休息　70%~75%

选择 0:10 ~ 0:20 间歇休息

4 × 75 @ 1:20, 1:35, 1:50，或 2:15 ⋯⋯⋯⋯⋯⋯⋯

25 带浮板踢腿　70%~75% / 50 自由泳 规定加速　70% → 90%

3 × 100 自由泳，递进加速 1 ~ 3 @ 1:35, 1:45, 2:00，或 2:15

第 1 个 100 `70%-75%` / 第 2 个 100 `75%-85%` /

第 3 个 100 `85%-95%`

选择 0:10 ~ 0:15
间歇休息

300 带浮板划臂 `70%-75%`

每第 4 个 25：带浮板泰山分解练习

额外训练组

4 × 100 自由泳 @ 1:35, 1:45, 2:00，或 2:20 `70%-75%`

以下冲刺 `95%-100%`

选择 0:10 ~ 0:20
间歇休息

第 1 个 100 的第 1 个 25

第 2 个 100 的第 2 个 25

第 3 个 100 的第 3 个 25

第 4 个 100 的第 4 个 25

蹬壁后保持流线型体态！

整理阶段

100 轻松 `60%-65%`

拉力带训练组

3 × 全力后拉能达到的最多次数（最多 40 次）

自由泳式或蝶泳式，自选

如果你可以，还可以做第 4 组。

每组之间尽可能休息好，
可以做一些轻微拉伸

总计：2300（含额外训练组：2700）+ 拉力带训练

训练目的：通过一些爆发力练习，逐渐增强力量，当你能够完成而不是失败的时候，感觉会非常好。

这些终点间歇来源于我的训练日志，注意对强度等级和休息时间的描述，可以根据自己的情况进行调整。

热身阶段

8 × 100 自由泳 @ 1:20 `60%~65%` _____ 休息 0:05 ~ 0:10

如减量，可做 4 ~ 6 组。注意蹬壁后保持流线型体态。

4 × 200 自由泳 @ 2:30 `70%~75%` _____ 休息 0:10 ~ 0:12

如减量，可做 2 ~ 3 组。

力量训练组

8 × 100 中速 @ 1:20 `70%~75%` _____ 休息 0:05 ~ 0:8

75 自由泳 / 25 蝶泳

如果你一直在进行蝶泳，那么这组训练应该很容易。其强度等级低于中等，但是要选择一个终点间歇，休息时间不要超过 0:15。

16 × 50 带浮板划臂 @ 0:45 `70%~75%` _____ 休息 0:10

不要减少这组训练，做满 16 组，专注于高肘抓水，感受包裹在肩胛骨周围的肌肉的运动。

6 × 100 @ 1:40 .... 休息 0:20

75 轻松 60%~65% / 撑起并且从起跳板上入水 100%

这组训练不要减量。轻松地游 75 后，直接撑起，后 25 尽全力，终点间歇设置包括完全撑起和 25 全速，短距离高速冲刺因为前面的力量训练而更有益处。如果你觉得跳入水中不舒服，也可以在完全撑起后，回到水中蹬壁，再进行 25 全速游。

整理阶段

200 轻松 60%~65%

拉力带训练组

5 × 1:30 全力后拉 .... 休息 1:30

奇数组自由泳式，偶数组蝶泳式

选自 2003 年 2 月 6 日训练日志（SCY）

总计：4000 + 拉力带训练

第 8 周 -1

训练目的： 踢腿增强核心力量，以及在核心和四肢之间，通过踢腿 / 划臂感受对时机的把握。

热身阶段

300 直线练习 `60%-65%`

100 游泳 / 100 手部入水动作分解练习 / 100 游泳

当手臂入水并伸展时，专注于手 / 前臂周围的水流，当前臂向下抓水时，关注上臂轻微向外的弧度。

分解练习组

4 × 50 @ 1:00, 1:10, 1:20，或 1:30 `70%-75%` ·········· 选择 0:15 ~ 0:20 间歇休息

25 游泳 / 25 泰山分解练习

主训练组

`3×`

　4 × 25 踢腿 快速 @ 0:20 休息 `90%-95%`

　3 × 100 带浮板划臂，后半程加速练习 @ 0:20 休息

　50 中速 `70%-75%` / 50 高强度 `80%-85%`

50 自由泳 轻松 @ 0:20 休息 `60%-65%`

所有踢腿都带浮板进行。这组训练设计有一个休息时间，而不是进行终点间歇，因为你需要在踢腿和划臂过程中全神贯注于你的核心部位和你四肢之间的连接。

游泳训练组

6×50 自由泳，递进加速 1 ~ 3 和 4 ~ 6 @0:20 休息

2 组：

50 中速 `70%~75%`

50 高强度 `80%~85%`

50 快速 `90%~95%`

感受手臂和核心之间的连接和动作时机。

额外训练组

4×125 自由泳 @ 2:10, 2:20, 2:40，或 3:00 .... 选择 0:15 间歇休息

100 游泳 `70%~75%` / 休息 0:10 /

蹬壁，保持强劲的流线型体态前进，然后出水，快速游 25 `90%~95%`

整理阶段

100 轻松 `60%~65%`

拉力带训练组

4× 每组之间休息 1:30

20 ~ 30 全力后拉

0:15 ~ 0:20 肱三头肌练习

奇数组自由泳式，偶数组蝶泳式

如果可以，可增练第 5 组。

第 8 周 -2

训练目的： 通过专注的长距离训练增强肌肉张力和意志力。

热身阶段

1000 直线练习 `60%~65%`

200 游泳

100 流线型仰卧踢腿

200 游泳

100 前交叉分解练习

400 后半程加速练习：200 中速 `70%~75%` / 200 高强度 `80%~85%`

踢腿 / 分解练习组

4×

75 带浮板踢腿 @ 1:30, 1:45, 2:00,

或 2:30 `80%~85%`　　　　　　　　　选择 0:15 ～ 0:25
间歇休息

2 × 25 带浮板单侧划臂分解练习 @ 0:30, 0:40,

0:50，或 1:00 `70%~80%`　　　　　　选择 0:10 ～ 0:20
间歇休息

0:30 撑起（最多 8 次）@ 0:45

进行训练时专注于肌肉张力，并且开始会觉得有疼痛感，上臂和核心部分感受收缩张力，保持坚强意志！

主训练组

10 × 50 自由泳 @ 0:50, 1:00, 1:15, 或 1:30 **80%**

> 选择 0:15 ~ 0:25 间歇休息，包括撑起在内

终点间歇，每 50 后完全撑起并且俯冲入水（或跳入水中），设定有挑战性的间歇时间，并且在整个训练中坚持下来，不要放弃。

额外训练组

8 × 50 @ 1:00, 1:10, 1:20, 或 1:30

> 选择 0:20 ~ 0:25 间歇休息

奇数组： 25 轻松 **60%~65%** / 25 全速 **100%**

偶数组： 25 泰山分解练习 全速 **100%** / 25 轻松 **60%~65%**

以强有力的流线型体态开始，保持好体态。

整理阶段

100 轻松 **60%~65%**

拉力带训练组

6×

> 每组之间休息 1:00 ~ 1:30

5 ~ 10 肱三头肌练习

15 全力后拉

5 ~ 10 肱三头肌练习

奇数组自由泳式，偶数组蝶泳式

总计：2100（含额外训练组：2500）+ 拉力带训练

训练目的：一组要求严苛、强度很大的训练，力量 + 速度 = 实力，训练很艰苦，但也很有趣。

这些终点间歇来源于我的训练日志，注意对强度等级和休息时间的描述，可以根据自己的情况进行调整。

热身阶段

400 自由泳 @ 6:00 `60%~65%` ⋯⋯⋯⋯⋯⋯⋯⋯⋯⋯⋯⋯⋯⋯ 休息 1:00

300 蝶泳分解练习 @ 4:30 `60%~65%` ⋯⋯⋯⋯⋯⋯⋯⋯ 休息 0:20

200 自由泳 @ 2:45 `60%~65%` ⋯⋯⋯⋯⋯⋯⋯⋯⋯⋯⋯⋯⋯ 休息 0:20

100 蝶泳 @ 1:20 `60%~65%`

感受用自由泳替代另一种泳姿，或用踢腿替代蝶泳。

主训练组

10 × 50 蝶泳 @ 0:40 `75%` ⋯⋯⋯⋯⋯⋯⋯⋯⋯⋯⋯ 休息 0:03 ~ 0:07

这组训练和下一组 10 × 50 蝶泳训练是这整组实力训练中训练力量的部分。如果要减量并且还想实现理想的运动效果，可以将这里的练习减至 6 ~ 8 次，并且 / 或者换成 25 蝶泳 /25 自由泳。你也可以选择设置终点间歇，最多可至 0:20。

6 × 200 自由泳 @ 2:25 `75%` ⋯⋯⋯⋯⋯⋯⋯⋯⋯⋯⋯⋯⋯⋯ 休息 0:10

第 3 个 50 配速 `95%`

现在你将速度和力量结合起来了。要专注，第 3 个 50 会很艰苦，因为这是实现训练效果的唯一方法。如要减量，可只进行 4 组。

10 × 50 蝶泳 @ 0:40 75% .... 休息 0:03 ~ 0:07

竞速训练组

3 × 100 自由泳 @ 2:00 95%-100% .... 休息 1:05

这里不要减量，从高速到全速，给自己选择一个休息时间，至少为 1:00。

整理阶段

1000 轻松 60%~65%

一个较长的整理阶段可以帮助你从之前艰苦的训练中恢复过来，如果你时间不够，可以只做 500。

拉力带训练组

3 × 65 全力后拉 .... 休息 2:00

奇数组自由泳式，偶数组蝶泳式

鉴于你应该已经完成了上周的希瑞训练，并且感觉良好，你完成这周的训练应该有点筋疲力尽了。如果可能，好好休息一两天，调整一下自己。

选自 1995 年 1 月 31 日训练日志（SCY）

总计：4500 + 拉力带训练

第 9 周 -1

训练目的： 萨拉普核心驱动、时机和高肘抓水。

5 × 100 自由泳 @ 0:20 休息 `60%-70%`

奇数组： 75 游泳 / 25 流线型仰卧踢腿

偶数组： 75 游泳 / 25 狗刨式分解练习

踢腿 / 分解练习组

6 × 50 @ 1:00, 1:20, 1:40，或 2:00 `70%-80%` ……… 选择 0:10 ~ 0:20 间歇休息

奇数组： 带浮板踢腿

偶数组： 萨拉普踢腿 (25 右侧 / 25 左侧)

4 × 25 前交叉分解练习 @ 0:15 休息 `70%-75%`

通过连接肩胛骨的肌肉尽力向前拉伸，给力量训练负载额外的张力。

主训练组

`2×`

4 × 50 @ 0:20 休息 `75%`

奇数组： 带浮板单侧划臂分解练习 (25 右臂 / 25 左臂)

偶数组： 萨拉普单侧划臂分解练习 (25 右臂 / 25 左臂)

关注划臂一侧手臂产生核心动力的时机。在未负载核心驱动张力之前，抓水是锚定点。

4 × 100 自由泳 @ 0:30 休息

100 轻松 `60%-65%`

100 中速 `70%~75%`

100 高强度 `80%~85%`

100 全速 `100%`

额外训练组

3×

2 × 25 自由泳 @ 0:15 休息 `75%`

进行 5 ～ 10 米水下踢腿，当准备好踢腿、核心部位动作以及手臂动作时，浮出水面。

100 带浮板划臂 @ 0:15 休息 `75%`

感受划臂一侧手臂和核心部位的连接。

整理阶段

100 轻松 `60%-65%`

拉力带训练组

4×　　　　　　　　　　　　　　　　每组之间 1:00 ～ 2:00 休息

0:40 ～ 50 全力后拉

第 1 个 0:20 ～ 0:25：过度伸展肩胛骨周围核心肌群

第 2 个 0:20 ～ 0:25：正常伸展

10 ～ 20 肱三头肌练习

奇数组自由泳式，偶数组蝶泳式

总计：2200（含额外训练组：2650）+拉力带训练

第 9 周 -2

训练目的: 增强菱形肌、膈膜肌和下部核心肌群力量。

从拉力带训练开始,因此游泳时你会感觉有点累。当疲劳时,专注于技术动作,会变得更强。

拉力带训练组

8×   每组之间休息 1:00

15 ~ 20 全力后拉

15 ~ 20 肱三头肌练习

自由泳式或蝶泳式,自选

热身阶段

6 × 75 @ 0:15 休息 `60%~65%`

25 游泳 / 25 水平式手臂胸下摇橹分解练习 / 25 游泳

主训练组

3×

4 × 25 自由泳 `65%~70%`   必要时尽可能休息 以实现呼吸目标

每 25 呼吸不超过 1 次

200 自由泳 @ 0:40 休息

75 恢复阶段分解练习 `75%` / 50 泰山分解练习 `80%~85%` / 75 恢复阶段分解练习 `75%`

100 带浮板踢腿 @ 0:40 休息

25 轻松 `60%~65%` / 50 全速 `100%` / 25 轻松 `60%~65%`

踢腿 / 游泳训练组

4 × 125 自由泳 @ 2:15, 2:30, 2:45，或 3:00 `70%-75%`

25 流线型仰卧踢腿 / 75 游泳 /

25 流线型仰卧踢腿

> 选择 0:15 ~ 0:20
> 间歇休息

额外训练组

500 带浮板划臂 `70%-75%`

每第 4 个 25：带浮板泰山分解练习或狗刨式分解练习，自选

整理阶段

100 轻松 `60%-65%`

总计：2250（含额外训练组：2750）+ 拉力带训练

训练目的：核心训练。

这是我最喜欢的增强核心部分力量的训练之一，这组训练短小精悍、易于执行，可以在高质量的耐力游泳训练后立刻进行，如果你不是跑步运动员，你还可以在这之后进行一小段轻松的快走练习。这些终点间歇来源于我的训练日志，注意对强度等级和休息时间的记录，可以根据自己的情况进行调整。

跑步

2.41 千米跑步 轻松 `60%~65%`

热身阶段

12 × 100 `60%~65%` 休息 0:10

1 ~ 6： 自由泳 @ 1:30

7 ~ 12： 个人混合泳 (蝶泳 / 仰泳 / 蛙泳 / 自由泳) @ 1:40

我建议不要减少这部分的训练量，但是你如果要减，可以做 6 ~ 8 组。

主训练组

8 × 200 自由泳 中速 @ 2:40 `70%~75%` 休息 0:20

这是一组耐力训练，专注于在整组训练中保持核心动力强劲。

竞速训练组

6 × 50 自由泳 全速 @1:30 `100%` ⋯⋯⋯⋯⋯⋯⋯ 休息 1:00

选择 1:00 ~ 1:30 间歇休息。这个训练是整组训练中最核心的部分。这组训练和 10 × 25 全速训练锻炼核心部分的力量。不要浪费时间，感受你的手臂和核心部位一起动作。

200 轻松 `60%-65%` 休息 2:00

10 × 25 全速 @0:50 `100%` 休息 0:35

奇数组：蝶泳

偶数组：自由泳

选择 0:35 ~ 0:45 间歇休息。每 25 以强有力的流线型姿态开始，并且强有力地出水，然后保持这个速度直到游完这一程。

整理阶段

150 轻松 `60%-65%`

拉力带训练组

3 × 1:00 全力后拉 自由泳式 ⋯⋯⋯⋯⋯⋯⋯ 休息 1:00

跑步

2.41 千米跑步 轻松 `60%-65%`

选自 2003 年 7 月 3 日训练日志（SCM）

训练目的：完成阶段训练，通过撑起练习增强上臂力量。

热身阶段

2 × 250 @ 0:25 休息 `60%-65%`

100 游泳 / **150** 带浮板踢腿

分解练习 / 游泳训练组

`3×`

25 完成阶段分解练习 @ 0:35, 0:45, 0:55，或 1:00 `75%-80%`

25 规定加速练习 @ 0:30, 0:35, 0:40，或 0:45

`70%` ➔ `90%-95%`

选择 0:15 ~ 0:20 间歇休息

0:30 撑起（最多 8 次）@ 1:15

在加速游过程中感受每一个动作的动态完成过程。在每一组撑起后充分休息，并且在完成阶段分解练习过程中保持在水下。

分解练习组

选择 0:10 ~ 0:20 间歇休息

8 × 50 @ 0:55, 1:00, 1:10，或 1:20 `70%-75%`

奇数组：前交叉分解练习，作用于每一个动作的完成阶段

偶数组：单侧划臂分解练习 (25 右臂 / 25 左臂)，配合髋部驱动，感受动态完成过程

主训练组

8 × 125 自由泳 @ 2:00, 2:20, 2:40，或 3:00 .... 选择 0:10 ~ 0:15
间歇休息

奇数组：中速 75%~80%

偶数组：高强度到快速 85%~90%

感受你的核心部位和手臂是如何连接的。注意这种连接 / 节奏和奇数组中速以及偶数组高强度到快速的练习的连接 / 节奏是一样的，但是速率在高强度 / 快速基础上更快。

额外训练组

5× .... 每组之间休息
0:35 ~ 0:45

5 ~ 8 撑起

100 自由泳，致力于高肘抓水 70%~75%

整理阶段

100 轻松 60%~65%

拉力带训练组

6 × 15 ~ 25 肱三头肌练习 .... 每组之间休息 1:00

奇数组自由泳式，偶数组蝶泳式

总计：2150（含额外训练组：2650）+ 拉力带训练

训练目的： 重复第 1 周第 1 次训练的前半部分，并且记录动作次数和动作周期，然后完成核心部分力量训练。

热身阶段

400 直线练习 @ 1:00 休息 `60%-65%`

200 自由泳 / 50 踢腿 / 100 自由泳 / 50 踢腿

这个 50 的踢腿可以不带浮板。

10 × 25 带浮板划臂 @ 0:30, 0:40, 0:50，或 1:00 ⋯⋯⋯⋯⋯

选择 0:05 ~ 0:10 间歇休息

奇数组： 轻松 `60%-65%`

偶数组： 规定加速至 `90%`

100 自由泳 `60%-65%`

主训练组

12 × 50 @ 0:50, 1:00, 1:15，或 1:30 ⋯⋯⋯⋯⋯

选择 0:15 ~ 0:30 间歇休息

4 组：

50 轻松 `60%~65%` / 50 中速 `70%~75%` / 50 快速 `90%~95%`

	第 1 组	第 2 组	第 3 组	第 4 组
轻松	_____	_____	_____	_____
中速	_____	_____	_____	_____
快速	_____	_____	_____	_____

第 1 组和第 3 组： 让朋友或教练帮忙记录。
第 2 组和第 4 组： 记录动作次数。

分解练习组

3×

2 × 50 恢复阶段分解练习 @ 0:15 休息 `60%~65%`

专注于通过菱形肌和前锯肌将手臂抬升出水面。感受手臂在水上恢复以及帮助驱动核心向前时手臂的平衡。

4 × 25 带浮板踢腿 @ 0:45, 0:55, 1:00，或 1:15 `90%~95%`

2 × 25 泰山分解练习 @ 0:30, 0:35, 0:45，
或 0:55 `70%~75%`

选择 0:15 ~ 0:25
间歇休息

额外训练组

4 × 150 带浮板划臂，后半程加速练习 @ 2:30, 2:45, 3:00，或 3:15
75 中速 `70%~75%` / 75 高强度 `80%~85%`

选择 0:10 ~ 0:20
间歇休息

整理阶段

100 轻松 `60%~65%`

拉力带训练组

4 × 20 ~ 25 全力后拉
自由泳式或蝶泳式，自选

每组之间休息 1:00

4 × 10 ~ 20 肱三头肌训练
自由泳式或蝶泳式，自选

总计：2200（含额外训练组：2800）+ 拉力带训练

训练目的：佩戴脚蹼和手蹼，以期快速实现训练效果。

脚蹼和手蹼能够控制更多的水，并且在竞速中需要额外的力量。在这组训练中，我鼓励使用这些工具，即使在你还没有很好的水感的情况下。（如果你没有脚蹼和手蹼，通过这个组合训练，你一样能获得力量训练成效。）

这些终点间歇来源于我的训练日志，注意对强度等级和休息时间的描述，可以根据自己的情况进行调整。

热身阶段

800 轻松 @ 12:00 `60%~65%`　　　　　　　　休息 0:45

如减量，可做 400 ~ 600。

主训练组

12 × 50 踢腿 @ 1:00 `70%~75%`　　　　　　休息 0:10
每 50 最后 12.5 快速 `90%~95%`

这组训练能够激活你的下部核心肌群，如果时间不够，至少要做 8 组。

100 轻松 @ 1:30 `60%~65%`　　　　　　　休息 0:05

6 × 50 自由泳，记录动作次数，递进加速 1 ~ 6 @ 1:00　　休息 0:20
第 1 个 50 → 第 6 个 50 `70%~75%` → `90%~95%`

看好表，记录你的动作次数。进行递进加速时，仍然保持你的动作次数，速度加快时，专注于控制水流，协调手臂和核心部分。如减量，可做 4 组，1 ~ 4 组递进加速。

4 × 50　蝶泳 @ 1:00 `70%~75%`　　　　　　　　　休息 0:20

你可以选择除自由泳外的任何其他泳姿。在不同的方向移动你的肌肉，为后面的力量训练组获取动能。

100　轻松 @ 1:30 `60%~65%`　　　　　　　　　　休息 0:05

3 × 100　戴脚蹼自由泳 @ 1:15 `70%~75%`　　　　休息 0:08

熟悉戴着脚蹼能控制的水量。

100　轻松 `60%~65%`

20 × 50　戴脚蹼和手蹼自由泳

奇数组：全速 @ 0:30 `100%`　……………………………休息 0:03

偶数组：轻松 @ 2:30 `60%~65%`　　　　　休息 1:45 ~ 1:50

这是力量训练组！如果你时间有限，可以只做 16 组。注意 50 全速游的间歇非常短，但是 50 轻松游给出了将近 2:00 的休息时间。当你选择间歇时，按照这个比例进行。50 全速游设定的间歇不能超过 0:05。50 轻松游是一种主动恢复，是获得训练效果的一种不可思议的方法。

整理阶段

500　轻松 `60%~65%`

如减量，可做 300。

拉力带训练组

2 × 2:00　以竞赛速度自由泳式全力后拉 `95%`　………休息 3:00

选自 1994 年 12 月 31 日训练日志（LCM）

总计：4000 + 拉力带训练

训练目的： 不同速率的萨拉普练习。

热身阶段

4 × 50　轻松 @ 0:55, 1:05, 1:15，或 1:30　`60%-65%` ┄┄┄ 选择 0:10 ~ 0:15 间歇休息

4 × 50　分解练习 @ 0:15 休息　`60%-65%`

奇数组： 单侧划臂分解练习 (25 右臂 / 25 左臂)

偶数组： 萨拉普 单侧划臂分解练习 (25 右臂 / 25 左臂)

100　轻松　`60%-65%` ┄┄┄ 休息 1:00 ~ 2:00

主训练组

3× ┄┄┄ 选择 0:15 ~ 0:30 间歇休息

200　自由泳 @ 3:20, 3:40, 4:00，或 4:30　`70%-75%`

100　自由泳 @ 1:40, 1:50, 2:00，或 2:15　`80%-85%`

50　自由泳 @ 0:50, 1:00, 1:10，或 1:15　`90%-95%`

25　自由泳 @ 0:30, 0:40, 0:50，或 1:00　`100%`

通过整组训练，感受髋部驱动的速率，手臂被连接在这种驱动中，因此能找到核心 / 髋部驱动和手臂之间的节奏。这组训练理想的速率如下。

200 速率 @ 每个完整动作循环 1.8 ~ 2 秒

100 速率 @ 每个完整动作循环 1.6 ~ 1.8 秒

50 速率 @ 每个完整动作循环 1.2 ~ 1.6 秒

25 速率 @ 每个完整动作循环 1 ~ 1.2 秒

踢腿 / 分解练习组

6 × 100 @ 2:10, 2:20, 2:40，或 3:00 `70%-80%`

选择 0:10 ~ 0:20 间歇休息

25 带浮板单侧划臂分解练习（右臂）

25 带浮板踢腿

25 带浮板单侧划臂分解练习（左臂）

25 带浮板踢腿

在带浮板单侧划臂分解练习过程中感受萨拉普核心运动。

额外训练组

400 带浮板划臂 `70%-75%`

感受髋部是如何连接划臂的。

整理阶段

100 轻松 `60%-65%`

拉力带训练组

3 × 1:00 全力后拉

每组之间休息 1:30 ~ 2:00

自由泳式或蝶泳式，自选

如果可以，可增练第 4 组。

总计：2325（含额外训练组：2725）+ 拉力带训练

第 11 周 –2

训练目的： 有关强有力的呼吸肌（膈肌）的萨拉普核心驱动。

热身阶段

500 直线练习 `60%~65%`

每 100 的最后 25：恢复阶段分解练习

在恢复阶段分解练习中控制你的呼吸，尝试换气不超过 2 次，并且通过菱形肌和前锯肌将手臂从水中抬起。

主训练组

4×

25 完成阶段分解练习 @ 0:30 休息 `75%~80%`

后压时注意手 / 手臂的倾斜角度。

25 轻松 @ 0:30 休息 `60%~65%`

25 水下狗刨式分解练习 @ 0:30 休息 `70%~75%`

25 轻松 @ 0:30 休息 `60%~65%`

200 规定加速 @ 1:00 休息 `70%~75%` → `80%~85%`

这组训练包括相当一部分水下控制呼吸，感受你的膈肌的力量，在 200 规定加速训练中使用这种力量。25 的水下狗刨式分解练习旨在给你更多控制呼吸的练习，通过水下分解练习激活你的膈肌后，感受强有力的核心驱动。

踢腿训练组

3×

100 带浮板踢腿 @ 2:10, 2:30, 2:45，或 3:15 `75%` ┄┄┄┄ 选择 0:20 ~ 0:30
间歇休息
2 × 25 带浮板踢腿 @ 0:45, 1:00, 1:10，或 1:15 `100%`

额外训练组

2 × 300 规定加速，递进加速 1 ~ 3 @ 5:00, 5:30, 6:00，或 6:30 ┄┄

第 1 个 100→ 最后 1 个 100 `65%` → `90%`   选择 0:20 ~ 0:30
间歇休息
游泳或带浮板划臂，自选

整理阶段

100 轻松 `60%~65%`

拉力带训练组

2×

0:10 肱三头肌练习 + **10** 全力后拉 蝶泳 ┄┄┄┄┄┄┄ 0:30 休息

0:15 肱三头肌练习 + **15** 全力后拉 蝶泳 ┄┄┄┄┄┄┄ 0:45 休息

0:20 肱三头肌练习 + **20** 全力后拉 蝶泳 ┄┄┄┄┄┄┄ 下一组前休息 2:00

总计：2250（含额外训练组：2850）+ 拉力带训练

训练目的：通过踢腿练习增强下部核心力量。

当我在比赛时，我通常通过进行密集的踢腿训练使我进入最好的状态。这项训练包括一个总长 2600 的踢腿练习。你可以游这组训练中的一部分，但是我建议进行踢腿练习。通过强有力踢水对肌肉进行训练，将有助于你的动态核心驱动。

这些终点间歇来源于我的训练日志，注意对强度等级和休息时间的描述，可以根据自己的情况进行调整。如要减量，不要完全删去任何一组，可以调整每一组的训练量，你也可以选择额外的休息时间。

热身阶段

400 轻松 @ 6:00　`60%~65%` .... 休息 1:00

主训练组

6 × 200 自由泳 戴脚蹼踢腿 @ 2:30　`70%~75%` .... 休息 0:10

即使你还没有完全获得水感，做这组练习时也可以戴上脚蹼。如要减量，可只做 4 组。

6 × 100 蝶泳式仰卧踢腿（无脚蹼）@ 1:40　`75%~80%` .....

.... 休息 0:05 ~ 0:10

在这组训练下部核心部位的练习中保持流线型体态。你可以 25 自由泳式仰卧踢腿和 25 蝶泳式仰卧踢腿交替进行，或者全部做自由泳式仰卧踢腿。如减量，可只做 4 组。

16 × 50 滑水踢腿 戴脚蹼 @ 0:40　`85%~90%` ..... 休息 0:07 ~ 0:08

滑水踢腿： 无浮板，俯卧，双臂在前方伸出，头部在水面上，或是颈部和面部一半在水下，直到你需要呼吸

可戴脚蹼，也可不戴，这组训练能促使你保持核心姿态。至少做 8 组，可调整为 16×25。

5:15 泳池深水区直立踢腿

0:30 全速 `100%`

0:45 轻松 `60%~65%`

1:00 全速 `100%`

1:00 轻松 `60%~65%`

2:00 全速 `100%`

直立踢腿： 静态踢腿，直立于水中，头部和手部保持在水面上，只依靠踢腿的力量

如减量，可将本组训练简化为 0:30 全速 / 0:30 轻松，做 2 次。

整理阶段

100 轻松 `60%~65%`

拉力带训练组

3 × 2:00 全力后拉 　　　　　　　　　　　　　　　　　　　　 休息 2:30

奇数组自由泳式，偶数组蝶泳式

选自 1994 年 11 月 10 日训练日志（SCY）

总计：3100 +直立踢腿 + 拉力带训练

训练目的：加快速度！比之前任何主训练组更快地燃烧你的肌肉！这能产生高质量的肌肉效应。

热身阶段

3 × 150 @ 0:20 休息 `60%-65%`

第 1 个 150 游泳 / 第 2 个 150 踢腿 / 第 3 个 150 带浮板划臂

4 × 50 @ 0:55, 1:00, 1:10，或 1:20 ⋯⋯⋯⋯　选择 0:10 ~ 0:20 间歇休息

奇数组：25 狗刨式分解练习 / 25 自由泳 `70%-75%`

偶数组：50 规定加速 `65%` ➜ `95%`

100 轻松 `60%-65%`

主训练组

第一次做这组练习时游泳，第二次踢腿，第三次带浮板划臂。

3×

12 × 25 @ 0:45, 0:50, 0:55，或 1:00 ⋯⋯⋯⋯　选择 0:30 ~ 0:35 间歇休息

3 组：

12.5 轻松 `60%-65%` / 12.5 快速 `90%-95%`

12.5 快速 `90%-95%` / 12.5 轻松 `60%-65%`

25 轻松 `60%-65%`

25 快速 `90%-95%`

50 轻松 @ 1:00 休息 `60%-65%`

50 全速 @ 1:00 ~ 2:00 休息 `100%`

额外训练组

600 游泳 或带浮板划臂，自选 `70%~75%`

每第 3 个 50： 前交叉分解练习

如果你选择进行划臂练习，那之后带上浮板进行前交叉分解练习。

整理阶段

100 轻松 `60%~65%`

拉力带训练组

4 × 20 全力后拉 ....

每组之间休息
1:30 ~ 2:00

自由泳式或蝶泳式，自选

这组拉力带训练是在紧张的速度训练之后的一组低强度训练。深呼吸，并且每组之间进行三角伸展式和三角扭转伸展式拉伸，训练完成后，建议吃一些健康、高蛋白饮食。

训练目的： 在高强度训练之间进行主动中速游，以达到耐力训练效果。

热身阶段

100 轻松 @ 1:45, 1:55, 2:10，或 2:20 `60%~65%` ⟶ 选择 0:10 ~ 0:20 间歇休息

2 × 25 自选分解练习 @ 0:30, 0:35, 0:40，或 0:45 `60%~65%`

300 带浮板踢腿 @ 0:30 休息 `60%~65%`

每 100 第 4 个 25： 规定加速至 `90%~95%`

2 × 25 自选分解练习 @ 0:30, 0:35, 0:40，或 0:45 `60%~65%`

100 轻松 `60%~65%`

主训练组

3×

4 × 50 自由泳 @ 0:45, 0:50, 1:00，或 1:05 `85%~90%` ⟶ 选择不超过 0:05 间歇休息

2 × 150 自由泳 @ 2:30, 2:45, 3:00，或 3:30 `70%~75%` 选择 0:10 ~ 20 间歇休息

这组练习任一部分之间没有额外的休息时间，保持你的间歇时间，在开始前就做好心理建设。50 那组练习间歇非常短，而 150 那组练习有一个中等的间歇时间，以实现耐力训练效果。

额外训练组

4 × 50　带浮板划臂 @ 0:45, 0:50, 1:00,

或 1:05 `80%-85%` .... 选择不超过
0:05 间歇休息

150　带浮板划臂 @ 2:30, 2:45, 3:00,

或 3:30 `70%-75%` .... 选择 0:10 ~ 0:15
间歇休息

4 × 25　带浮板划臂 @ 0:20, 0:25, 0:30,

或 0:35 `90%~95%` .... 选择不超过
0:05 间歇休息

150　带浮板划臂 `60%-65%`

和主训练组一样，这组的划臂在任一部分之间没有额外的休息
时间。

整理阶段

100　轻松 `60%~65%`

拉力带训练组

4× .... 每组之间休息
1:30 ~ 2:00

15 ~ 20　肱三头肌练习

10 ~ 20　全力后拉

自由泳式或蝶泳式，自选

在休息期间，可以做一些主动恢复练习，比如瑜伽拉伸。

训练目的： 增强力量和长时间游泳时的专注力，不要分心，使动作走形，在游每一下的时候想一想动作要领。

如果你不是在公开水域比赛，可以跳过这一节训练中的瞄准练习。这些终点间歇来源于我的训练日志，注意对强度等级和休息时间的描述，可以根据自己的情况进行调整。

主训练组

2 000 自由泳 规定加速 @ 3:00 休息 `60%~65%` → `70%~75%`
每 25 瞄准一次

这组训练开始比较轻松，可视为热身阶段。之后加速至中等强度等级。今天没有高强度游泳训练，保持低至中等心率。

1 500 自由泳 @ 3:00 休息 `70%~75%`
每 25 瞄准一次

你可以跳过瞄准练习，只专注于水下划臂和核心连接技巧。

整理阶段

500 轻松 `60%~65%`

如减量，可只做 100。

拉力带训练组

4 × 1:30 全力后拉 .... 休息 1:30

奇数组自由泳式，偶数组蝶泳式

这组长时间拉力带训练是今天整个训练计划的完美结束。如果你还做不到 1:30，可以尝试至少做 1:00 感受你是怎样增强上臂肌肉张力的。

我是穿着我的防寒泳衣完成整个这次训练的，这样更有利于实现肌肉张力训练效果，尤其是当你在划臂阶段动作正确，肘部弯曲和手/前臂倾斜角度都正确，并且也是使用菱形肌将手臂拉出水面时。（我想我在这个特别的日子穿着我的防寒泳衣，是因为那是在密歇根的 12 月，而且我很可能在想要刮掉挡风玻璃上的冰时被冻着了。）

选自 2002 年 12 月 10 日训练日志（SCY）

训练目的：高肘抓水、萨拉普和力量。

热身阶段

200 轻松 @ 0:20 休息 `60%~65%`

200 萨拉普踢腿 @ 0:30 休息 `60%~65%`

50 右侧 / 50 左侧

200 轻松 `60%~65%`

主训练组

`2×`

4 × 25 带浮板单侧划臂分解练习 @ 0:30, 0:40,

0:45，或 0:50 `75%` ⋯⋯⋯⋯⋯⋯⋯⋯⋯⋯⋯⋯⋯⋯⋯⋯⋯⋯⋯ 选择 0:10 ~ 0:15

2 × 75 萨拉普单侧手臂分解练习 @ 0:20 休息 间歇休息

4 × 100 自由泳，递进加速 1 ~ 4 @ 1:40, 1:50, 2:00 或 2:15⋯⋯⋯

第 1 个 100 → 第 4 个 100 `70%~75%` → `90%~95%`

第 1 组：右侧划臂分解练习

第 2 组：左侧划臂分解练习

专注于抓水和核心驱动时机掌握的练习。

分解练习组

6 × 50 @ 1:00, 1:15, 1:20，或 1:30 `70%~75%` ⋯⋯⋯⋯⋯⋯⋯⋯ 选择 0:10 ~ 0:15

25 泰山分解练习 / 25 流线型仰卧踢腿 间歇休息

额外训练组

6×

撑起后如需要，
可休息

25　完成阶段分解练习 80%-85%

5 ~ 10　撑起

感受强有力的核心部位，尤其是膈肌。

3 × 50　自由泳 @ 0:20 休息 70%-75%

注意完成阶段是如何帮助你感受另一只手臂的抓水的。

整理阶段

100　轻松 60%-65%

拉力带训练组

4×

每组之间休息 2:00

交替进行 **5** 肱三头肌练习 / **5** 全力后拉直到力竭

奇数组自由泳式，偶数组蝶泳式

如可以，可加练第 5 组。

训练目的： 水下划臂的斜向划臂阶段、递进加速和流线型姿态练习。

热身阶段

3 × 150 @ 0:20 休息 `60%~65%`

100 游泳 / 50 前交叉分解练习

前交叉分解练习过程中，专注于斜向划臂阶段，并且感受当前臂倾斜引导手 / 前臂至身体下方时，上臂是如何向腋下挤压的。

分解练习 / 踢腿训练组

2×

6 × 25 @ 0:35, 0:40, 0:45，或 0:50 .... 选择 0:10 ~ 0:20 间歇休息

奇数组： 保持流线型姿态比正常长 0:03 ~ 0:05，之后浮出水面进行快速自由泳 `90%~95%`

偶数组： 前交叉分解练习 `70%~75%`

150 带浮板踢腿，后半程加速练习 @ 3:00, 3:20, 3:40，或 4:00

75 中速 `70%~75%` / 75 高强度 `80%~85%` .... 选择 0:10 ~ 0:20 间歇休息

主训练组

6 × 200 递进加速 1 ~ 3 和 4 ~ 6 @ 3:15, 3:30, 4:00，或 4:20 ....

第 1 个 200 → 第 3 个 200 `60%~65%` → `80%~85%` .... 选择 0:20 ~ 0:35 间歇休息

一个额外的变化： 每 200 的第 3 个 50 快速 `90%~95%`

祝你好运！这组训练是对体力和意志的双重挑战。

额外训练组

3 × 200 带浮板划臂，递进加速 1 ~ 3 @ 3:15, 3:30, 4:00，或 4:20

第 1 个 200 → 第 3 个 200 `60%~65%` → `80%~85%`

一个额外的变化：每 200 第 1 个 100 快速 `90%~95%`

选择 0:20 ~ 0:30 间歇休息

整理阶段

100 轻松 `60%~65%`

拉力带训练组

6 × 15 ~ 25 全力后拉

每组之间休息 1:00

奇数组自由泳式，偶数组蝶泳式

在斜向划臂阶段专注于上臂向腋下的挤压，上臂最终划臂时和地面保持一个 45 度角。

训练目的：维持有氧运动。

本次训练能使身体状态保持和之前的艰苦训练一致，但并不是进行使身体非常疲劳的密集训练。它涉及一些通过蝶泳和流线型踢腿进行的力量训练，但不用太多。维持状态训练不属于任何类型，但是在训练中有其重要之处。当我觉得我的身体难以进行密集高强度训练时，我已经持续数周在进行维持状态训练。

这些终点间歇来源于我的训练日志，注意对强度等级和休息时间的描述，可以根据自己的情况进行调整。

热身阶段

8 × 50 自由泳 @ 0:10 休息 `60%~65%`

主训练组

6 × 100 @ 1:30 `70%~75%` .... 休息 0:08 ~ 0:10

75 自由泳 / 25 蝶泳

尝试按照这组训练中的强度等级和休息时间指导进行训练，利用这个机会加强蝶泳间歇训练的信心，保持中等程度密集训练，但是间歇时间不要超过 0:10。

800 自由泳 @ 2:00 休息 `70%~75%`

每第 4 个 25：流线型仰卧踢腿

如减量，可做 600。

10 × 50 @ 1:00 `70%~75%` .... 休息 0:15 ~ 0:20

25 自由泳 / 25 自选

自选部分，我选择了 2 组蝶泳、2 组仰泳、2 组蛙泳、2 组自由泳、2 组蝶泳，你可以做全部 10 组。如果混合进行，确保以最慢的泳姿作为间歇参考。

10 × 100 自由泳 @ 1:25 `70%~75%` .... 休息 0:07 ~ 0:08

如减量，可做 6 ~ 8 组。

整理阶段

200 轻松 `60%~65%`

拉力带训练组

4 × 1:00 全力后拉 自由泳 .... 休息 1:30

选自 2003 年 7 月 7 日训练日志（LCM）

总计：3500 + 拉力带训练

第 14 周 -1

训练目的: 重复第 6 周的 10 × 50, 保持最好的平均水平, 训练水感。

热身阶段

200 轻松 @ 0:30 休息 `60%~65%`

2 × 25 水平式手臂胸下摇橹分解练习 @ 0:20 休息 `60%~65%`

3 × 50 带浮板踢腿 @ 0:20 休息 `60%~65%`

每 50 最后 12.5 快速 `90%~95%`

6 × 25 单侧划臂分解练习 @ 0:15 休息 `70%~75%`

奇数组: 右臂

偶数组: 左臂

专注于水感。

3 × 50 带浮板踢腿 @ 0:20 休息 `60%~65%`

每 50 第 1 个 12.5 快速 `90%~95%`

2 × 25 水平式手臂胸下摇橹分解练习 @ 0:20 休息 `60%~65%`

2 × 25 自由泳 规定加速 @ 0:20 休息 `75%` → `100%`

100 轻松 `60%~65%`

主训练组

10 × 50 @ 1:30, 1:45, 2:00，或 2:15 `90%~95%` .... 选择至少 1:00
间歇休息

在这组训练中保持你最好的水平，每组之间充分休息。

划臂训练组

2 × 400 带浮板划臂 @ 6:45, 7:15, 7:45，或 8:00 `70%~75%`
选择 0:15 ～ 0:30
间歇休息

额外训练组

4 × 75 @ 0:20 休息 `70%~75%`

25 狗刨式分解练习 / 25 流线型仰卧踢腿 /

25 水平式手臂胸下摇橹分解练习

整理阶段

100 轻松 `60%~65%`

拉力带训练组

40 ～ 50 全力后拉 蝶泳 .... 每组之间按
需要休息
30 ～ 40 肱三头肌练习 蝶泳 ....

如果可以，加入另一组 40 ～ 50 全力后拉或 30 ～ 40 肱三头肌练习，

或是两者都加上。天啊！这太刺激了！记住，如果你的技巧正确，

对你的泳速会很有帮助。

总计：2300 +（含额外训练组:2600）+ 拉力带训练

训练目的： 过度拉伸做力量训练和萨拉普分解练习。

热身阶段

4 × 100 @ 0:20 休息 `60%-65%`

奇数组： 75 游泳 / 25 流线型仰卧踢腿

偶数组： 25 萨拉普单侧划臂分解练习 (右臂) / 25 萨拉普 单侧划臂分解练习 (左臂) /50 游泳

10 × 25 萨拉普踢腿 , 加速 @ 0:15 休息 `60%~65%` → `90%~95%`

奇数组： 右侧

偶数组： 左侧

每 25 米以一个超级紧凑、长距离的流线型动作开始。

主训练组

10 × 50 自由泳 @ 0:50, 1:00, 1:10，或 1:20 `80%~85%`

每 50 米后完全撑起并再次入水，

选择合适的终点间歇时间。

> 选择 0:15 ~ 0:25 间歇休息，包括撑起时间

这组训练会要求过度延长你的动作，因此每 50 会有大概 3 ~ 4 个完整动作，这比正常动作时长要短，目的是加强力量。

10 × 100 @ 1:40, 1:50, 2:00，或 2:15 `70%-75%`

奇数组： 按自然长度和节奏游泳

偶数组： 按自然长度和节奏带浮板划臂

> 选择 0:10 ~ 0:20 间歇休息

额外训练组

4 × 125 带浮板踢腿，递进加速 1 ～ 4 @ 2:30,2:45, 3:00，或 3:30

第 1 个 125 → 第 4 个 125 `70%-75%` → `90%-95%`　　选择 0:10 ～ 0:20
间歇休息

如果有，可使用脚蹼进行额外的力量训练（如果这样做，每 125 的间歇要快 0:20）。

整理阶段

100 轻松 `60%-65%`

拉力带训练组

阶梯全力后拉 蝶泳式　　　　　　　　每组之间休息 1:30

0:30

1:00

1:30（如果可以，可再重复这组）

1:00

0:30

专注于额外的力量训练中进行抓水动作时的过度拉伸，因为这组是全蝶泳式，你一定也能在核心肌群中感受到。

总计：2250（含额外训练组：2750）+ 拉力带训练

第 14 周 −3 希瑞训练

训练目的：技巧、速度，最重要的是——乐趣！

我喜欢这组泰山、狗刨式和手臂胸下摇橹分解练习组合。我畏惧过这组训练中的 400 计时赛，但是这不能阻止我享受第一部分的乐趣。这些终点间歇来源于我的训练日志，注意对强度等级和休息时间的描述，可以根据自己的情况进行调整。

热身阶段

1000 直线练习 @ 2:00 休息 `60%~65%`

400 游泳 / 300 带浮板划臂 / 200 踢腿 / 100 单侧划臂分解练习

如减量，可做 200 游泳 / 200 带浮板划臂 / 100 踢腿 / 100 分解练习。

分解练习组

12 × 50 @ 1:10 `60%~65%` .... 休息 0:15 ~ 0:35

3 组：

25 水平式手臂胸下摇橹分解练习 / 25 游泳

25 狗刨式分解练习 / 25 游泳

25 泰山分解练习 / 25 游泳

50 规定加速至 `90%~95%`

有关这组训练的一切就是"专注于适当的肌肉张力和水感"，这是游泳运动中最迷人的部分。

主训练组

8 × 50 自由泳 @ 1:00 .... 休息 0:20 ~ 0:30

2 组：

25 轻松 `60%-65%` / 25 快速 `90%-95%`

25 快速 `90%-95%` / 25 轻松 `60%-65%`

50 快速 `90%-95%`

50 轻松 `60%-65%`

4 × 100 自由泳 @ 1:30 `80%-85%` .... 休息 0:20

2 × 200 自由泳，后半程加速练习 @ 2:50 .... 休息 0:20

100 中速 `70%-75%` / 100 高强度 `80%-85%`

100 轻松 `60%-65%` .... 计时赛可按需要休息

400 自由泳 计时赛 @ 2:00 休息 `90%-95%`

100 轻松 @ 1:00 休息 `60%-65%`

400 中速 带浮板踢腿 `70%-75%`

不要跳过这部分！

整理阶段

200 轻松 `60%-65%`

拉力带训练组

3 × 1:00 全力后拉 自由泳 .... 休息 1:30

选自 203 年 8 月 22 日训练日志（LCM）

总计：4000 + 拉力带训练

训练目的： 结合力量训练的耐力训练。

热身阶段

200 轻松 @ 0:30 休息 `60%~65%`

4 × 50 @ 0:55, 1:00, 1:10，或 1:20 `70%~75%` ·········· 选择 0:10 ~ 0:15 间歇休息

25 流线型仰卧踢腿 / 25 游泳

200 带浮板踢腿，规定加速 `60%~65%` → `80%~85%`

主训练组

4 × 50 泰山分解练习 @ 0:50, 1:00, 1:10，或 1:20 `70%~75%`

在开始 1200 前额外休息 1:00。

选择 0:10 ~ 0:20 间歇休息

1200 自由泳 直线练习 @ 2:00 休息

第 1 个 400：规定加速 `70%` → `85%`

第 2 个 400：每 50 后做 3 ~ 5 个撑起 50 `70%~75%`

第 3 个 400：交替 50 轻松 `60%~65%` / 50 快速 `90%~95%`

4 × 50 泰山分解练习 @ 1:00, 1:10, 1:20，或 1:30 `80%~85%`

每 50 后完全撑起并再次入水

选择 0:15 ~ 0:25 间歇休息，包括撑起时间

额外训练组

400 带浮板踢腿

100 中速 `70%~75%` / **200** 高强度 `80%~85%` / **100** 中速 `70%~75%`

整理阶段

100 轻松 `60%~65%`

拉力带训练组

3× .... 每组之间休息 2:00 ~ 2:30

1:00 ~ 1:10 全力后拉

0:15 ~ 0:20 肱三头肌练习

奇数组自由泳式，偶数组蝶泳式

训练目的： 完成阶段和动作时机。

热身阶段

4 × 125 @ 2:15, 2:30, 2:45，或 3:00 60%~65% ·············· 选择 0:10 ~ 0:20 间歇休息

奇数组： 75 游泳 / 50 萨拉普单侧划臂分解练习 (右臂)

偶数组： 75 游泳 / 50 萨拉普单侧划臂分解练习 (左臂)

在 50 分解练习组中，感受核心部分和划臂的协调运作。

踢腿训练组

300 流线型仰卧踢腿 80%~85%

主训练组

400 自由泳 @ 1:00 休息 70%-75%

在第 1 个 200，通过专注于恢复阶段水面上的手臂训练核心运动时机；在第 2 个 200，训练水下划臂的核心运动时机。

6 × 25 @ 尽可能休息以保证高质量完成

奇数组： 完成阶段分解练习 90%~95%

感受每一次完成压水的动态冲力。

偶数组： 自由泳 快速 90%~95%

蹬壁踢腿保持强有力的流线型体态。

400 自由泳 @ 1:00 休息 70%-75%

和这组训练的第 1 个 400 关注点相同。

分解练习组

6 × 50 带浮板单侧划臂分解练习 @ 1:00, 1:10, 1:20，或 1:30 `70%-75%` .... 选择 0:15 ~ 0:25 间歇休息

25 右臂 / 25 左臂

专注于每个动作的结束阶段，辅以强有力的踢腿。

额外训练组

8 × 50 自由泳 @ 0:50, 0:55, 1:00, 或 1:10 `70%-75%` .... 选择 0:10 ~ 0:15 间歇休息

每 50 最后 12 ~ 15 不要呼吸，强化你的膈肌。

整理阶段

100 轻松 `60%-65%`

拉力带训练组

6 × 20 ~ 30 全力后拉 自由泳式 .... 每组之间休息 1:00 ~ 1:30

感受异步手臂之间的时机和节奏，也不要忘了主要的抓水动作。

总计：2150（含额外训练组：2550）+ 拉力带训练

训练目的：力量和耐力训练。

这次的训练安排是所有希瑞训练中训练量最大的，强度也很大。天啊！但是其间也很有乐趣！

这些终点间歇来源于我的训练日志，注意对强度等级和休息时间的描述，可以根据自己的情况进行调整。如要减量，热身阶段可先进行 8×100 和 / 或整理阶段，不要从其他任何训练组中减少训练量。

热身阶段

1000 直线练习 @ 2:00 休息 `60%~65%`

400 自由泳 / 300 带浮板划臂 / 200 踢腿 / 100 自选

如要减量，做 200 自由泳 / 200 带浮板划臂 / 100 踢腿 / 100 分解练习。

主训练组

8 × 100

奇数组：50 水平式手臂胸下摇橹分解练习 / 50 自由泳 @ 0:10 休息 `65%~70%`

偶数组：规定加速自由泳 @ 1:30 `70%` → `90%` .... 休息 0:20

8 × 50 @ 1:00 .... 休息 0:25

奇数组：全速 `100%` 从深水开始，不要蹬壁

偶数组：轻松 `60%~65%`

100 分解练习自选 @ 1:00 休息 `60%~65%`

8 × 50 @ 1:00 .... 休息 0:25

奇数组：25 狗刨式分解练习 全速 `100%` / 25 轻松 `60%~65%`

偶数组：25 泰山分解练习 全速 `100%` / 25 轻松 `60%~65%`

177

100 单侧划臂分解练习 @1:00 休息 `60%~65%`

8 × 50 @1:00 _____ 休息 0:25 ~ 0:30

奇数组：蝶泳全速 `100%`

偶数组：自由泳 轻松 `60%~65%`

50 蝶泳全速太多，可以做 25 蝶泳 / 25 自由泳全速。

100 分解练习自选 @1:00 休息 `60%~65%`

8 × 50 @1:00 戴脚蹼 _____ 休息 0:30

奇数组：25 蝶泳仰卧踢腿 `100%` / 25 自由泳 无浮板踢腿 `60%~65%`

偶数组：25 自由泳 全速 `100%` / 25 自由泳 轻松 `60%~65%`

100 单侧划臂分解练习 @1:00 休息 `60%~65%`

400 带浮板划臂 `60%~65%`

整理阶段

300 轻松 `60%~65%`

拉力带训练组

3× _____ 休息 1:30

1:30 全力后拉

0:30 肱三头肌练习

奇数组自由泳式，偶数组蝶泳式

选自 2003 年 9 月 26 日训练日志（SCY）

总计：4500 + 拉力带训练

训练目的：萨拉普分解练习，以及全力最大动能混合水感和高肘抓水训练。

热身阶段

5 × 100 @ 0:20 休息 `60%~65%`

100 游泳

100 萨拉普单侧划臂分解练习 (25 右臂 / 25 左臂)

100 萨拉普踢腿 (50 右侧 / 50 左侧)

100 恢复阶段分解练习

100 游泳

分解练习 / 游泳训练组

3×

25 完成阶段分解练习 @ 0:20 休息 `80%~85%`

75 自由泳 @ 1:00 休息 _____ 充分休息以进行完成阶段水下分解练习

25 轻松 `60%~65%` / 25 规定加速至 `90%~95%` / 25 轻松 `60%~65%`

主训练组

3×

4 × 25 全速 @ 0:45, 1:00, 1:05，或 1:15 `100%` ········ 选择 0:20 ～ 0:30 间歇休息

2 × 50 轻松 @ 0:30 休息 `60%~65%`

2 × 50 全速 @ 1:15, 1:30, 1:45，或 2:00 `100%` ········ 选择 0:40 ～ 0:45 间歇休息

2 × 50 轻松 @ 0:30 休息 `60%~65%`

第 1、3 组： 自由泳 `100%` 强度
第 2 组： 带浮板踢腿 `100%` 强度
以强有力的流线型体态全速开始。

额外训练组

8 × 75 带浮板划臂，递进加速 1 ~ 4 和 5 ~ 8 @ 1:10, 1:20, 1:30,
或 1:40 ————————————————— 选择 0:05 ~ 0:15 间歇休息
第 1 个和第 5 个 75 `60%~65%` / 第 4 个和第 8 个 75 `90%~95%`

整理阶段

100 轻松 `60%~65%`

拉力带训练组

6 × 15 ~ 25 全力后拉 蝶泳式 ————————— 每组之间休息 1:00
奇数组： 降低速度，训练完美技巧
偶数组： 全速，但保持技巧正确

总计：2100（含额外训练组：2700）+ 拉力带训练

训练目的： 高肘抓水和水感，这是泳姿的最重要的两个要素。

热身阶段

200 自由泳 @ 0:20 休息 `60%~65%`

4 × 25 流线型仰卧踢腿 @ 0:30, 0:35, 0:40,

或 0:45 `70%~75%` ⋯⋯⋯⋯⋯⋯⋯⋯ 选择 0:10 ~ 0:15 间歇休息

经由长度展现的力量。

6 × 50 @ 0:20 休息 `60%~65%`

25 水平式手臂胸下摇橹分解练习 / 25 前交叉分解练习

分解练习 / 踢腿训练组

300 @ 1:00 休息 `70%~75%`

100 单侧划臂分解练习 (右臂)

100 流线型仰卧踢腿

100 单侧划臂分解练习 (左臂)

进行单侧划臂分解练习 , 锻炼肩胛骨周围肌肉 , 同时在手 / 前臂向下感受抓水时 , 上臂弯曲 , 略宽于双肩宽度。

300 @ 1:00 休息 `70%~75%`

100 带浮板单侧划臂分解练习 (右臂)

100 流线型仰卧踢腿

100 带浮板单侧划臂分解练习 (左臂)

主训练组

3×

300 带浮板划臂 @ 0:15 休息 `70%~75%`

每 300 第 1 个 50：前交叉分解练习 带浮板划臂

1:00 站立式手臂胸下摇橹分解练习 @ 1:30

专注于水感和高肘抓水。

额外训练组

这是在我们最后的训练中强化核心部分的一组踢腿练习。

100 带浮板踢腿 @ 0:20 休息 `70%~75%`

4 × 50 带浮板踢腿 @ 0:20 休息

12.5 轻松 `60%~65%` / **25** 快速 `90%~95%` / **12.5** 轻松 `60%~65%`

100 带浮板踢腿 `70%~75%`

整理阶段

100 轻松 `60%~65%`

拉力带训练组

2 × 0:45 全力后拉 自由泳 @ 2:00

3 × 0:20 肱三头肌练习 蝶泳 @ 1:00

2 × 0:45 全力后拉 蝶泳 @ 2:00

总计：2200（含额外训练组：2600）+ 拉力带训练

训练目的：竞速训练。

在这次训练安排中，当你认为你无法再完成另一个全速游泳练习时，下一组练习已经减掉了 25，这使得你又振作起来，鼓足了勇气。像这种训练安排要求意志坚定，因为 1 分钟的高强度训练有时候比 1 小时的低强度训练还要困难。在热身阶段和划臂训练组中找到你的水感，之后一心一意专注于主训练组。

这些终点间歇来源于我的训练日志，注意对强度等级和休息时间的描述，可以根据自己的情况进行调整。

热身阶段

1000 直线练习 @ 2:00 休息 `60%~65%`

400 自由泳 / 300 带浮板划臂 / 200 踢腿 / 100 分解练习

如减量，可做 200 自由泳 / 200 带浮板划臂 / 100 踢腿 / 100 分解练习。

划臂训练组

5 × 200 带浮板划臂 @ 3:00 .... 休息 0:20

奇数组： 50 蝶泳规定加速 / 50 自由泳 规定加速 `70%` → `85%`

偶数组： 自由泳（第 1 个和第 3 个 50 规定加速） `70%` → `85%`

我比较喜欢蝶泳，但是你可以用任何其他泳姿替换。这组训练计划的重点在于下面纯粹的高强度训练，而并不是在进入速度训练前以力量训练使你感觉很疲劳。

主训练组

2 × 100 自由泳 从入水开始全速 @ 6:00 `100%` .... 休息 5:00，包括恢复时间

200 轻松 每 100 后主动恢复 `60%~65%`

可以像我一样有额外的终点间歇时间，如果 200 的主动恢复太多，要保证至少做 100。

2 × 75 自由泳 从入水开始全速 @ 5:00 `100%` .... 休息 4:15，包括恢复时间

125 轻松 每 75 后主动恢复 `60%~65%`

可以像我一样有额外的终点间歇时间，至少做 75 的主动恢复。

2 × 50 自由泳 从入水开始全速 @ 4:00 `100%` .... 休息 3:30，包括恢复时间

100 轻松 每 50 后主动恢复 `60%~65%`

可以像我一样有额外的终点间歇时间，至少做 50 的主动恢复。

2 × 25 自由泳 从入水开始全速 @ 2:00 `100%` .... 休息 1:45，包括恢复时间

75 轻松 每 25 后主动恢复 `60%~65%`

可以像我一样有额外的终点间歇时间，至少做 25 的主动恢复。

整理阶段

300 轻松 `60%-65%`

拉力带训练组

4× .... 休息 1:30

1:00 全力后拉

0:30 肱三头肌练习

奇数组自由泳式，偶数组蝶泳式

选自 2003 年 10 月 10 日训练日志（SCY）

总计：3800 + 拉力带训练

恢复阶段

训练目的：这组低强度的 1100 ～ 1200 米训练是适合恢复阶段的一个很好的例子，适用于你觉得有点疲劳，但仍然想进行水下训练的时候。

在热身阶段熟悉水感，在整个恢复阶段始终将其作为脑海中最重要的事。

热身阶段

6 × 50 手部入水动作分解练习 @ 1:00, 1:10, 1:20, 或 1:30 **60%~65%** .... 选择 0:10 ～ 0:20 间歇休息

想一想当你在抓水前伸展时，指尖和手臂感受到水流。保持水下流线型姿态，时间略比每次蹬壁后保持流线型的正常时间长 0:02 ～ 0:05，享受在你核心部位和四肢周围的水流。

踢腿训练组

6 ～ 8 × 50 踢腿 @ 1:10, 1:20, 1:30，或 1:45 **65%** .... 选择 0:10 ～ 0:20 间歇休息

使用浮板，或是保持流线型体态仰卧踢腿

如果你会蛙泳，也可以在这组练习中加入蛙泳。

分解练习组

4 × 0:40 站立式手臂胸下摇橹分解练习 @ 1:00

划臂训练组

400 带浮板划臂 `60%~65%`

控制呼吸是在恢复阶段很好的补充练习。比如选择每游到第 4 个 25 时，在这个 50 的距离，只呼吸 1 ~ 2 次，简单、放松地进行可以使你有效地控制呼吸。

整理阶段

100 轻松 `60%~65%`

拉力带训练组

3× .... 每组之间休息 1:00 ~ 1:30

10 全力后拉

6 肱三头肌练习

自由泳式或蝶泳式，自选

今天的拉力带训练很轻松，在恢复训练的日子跳过这一组也是可以的。

总计：1100 ~ 1200 + 拉力带训练

大赛前调整训练周

这是我在 2004 年世界锦标赛（也被视为是奥运资格选拔赛）之前调整训练周的训练安排。在一个训练计划中，一般我正常的游泳训练量是 3500 ~ 6000，因此这个例子讲的是在赛前调整训练周是怎样削减训练量的。在这些训练安排中，总的训练量都很精确，但是当我记录在我的日志中的时候，我并没有具体将其分成热身阶段、整理阶段以及每组之间的轻松游泳阶段。因为比赛用的泳池水比较凉，允许穿防寒泳衣，因此在这组训练中，为备战比赛我有些是穿着防寒泳衣进行的。

周一

5000（LCM 泳池）后半程加速练习有氧训练 穿防寒泳衣

包括：

6 × 400 自由泳 @ 5:45

后半程加速练习，递进加速 1 ~ 3（用时递减 5:15, 5:00, 4:43）

后半程加速练习，递进加速 4 ~ 6（用时递减 5:05, 4:50, 4:34）

下午 5:30，飞赴葡萄牙马德拉群岛（Madeira, Portugal）

周二

休息，去马德拉群岛的丰沙尔（Funchal）途中；晚上 8:00 到达

周三

2200（LCM 泳池）竞速训练，包括穿防寒泳衣

12 × 50 自由泳 @ 0:45, 2 轻松 , 配速 1（50 配速保持在 0:32）

400 稳定有氧（4:48）

4 × 100 自由泳 @ 1:25, 保持比竞赛速度稍慢，比配速（保持 1:08）

慢 0:02 ~ 0:03

周四

无游泳训练

周五

1 500 轻松 比赛公开水域

15 在赛道终点从浮桥跳入水中 15 米冲刺

周六

1025 酒店 25 米泳池

和美国队队友亨特·坎珀（Hunter Kemper）和朱莉·斯维尔（Julie Swail）一起

500 轻松

2 × 100 个人混合泳 轻松

200 自由泳 过程中任意时刻进行 4 ~ 5 个高速的 10 ~ 15 秒加速游

25 竞技速度加速游

100 轻松

周日

世界锦标赛，葡萄牙马德拉（Madeira, Portugal）

获得冠军